大きな文字で
わかりやすい

小学生で習う漢字1026字

索引

もくじ

音訓索引
… 4

おもな漢字の部首
… 148

こんな場面で出てくるよ!
生活・学習の
テーマ別でみる漢字
… 157

漢字を覚えるコツはこれだ!
漢字を構成する
パーツのいろいろ
… 193

音訓索引

◆漢字の音読み・訓読みの五十音順で並べています。

◆音読みはカタカナ、訓読みはひらがなで示しています。

◆訓読みの「-」の下につづいているのは、送りがなです。

◆①②③④⑤⑥は、習う学年（小学校学年配当）の巻を示しています。

あ

アイ　愛 ……………………………④- 1
あい　相 ……………………………③- 108
あいだ　間 …………………………②- 20
あ-う　会 …………………………②- 13
あ-う　合 …………………………②- 54
あお　青 ……………………………①- 45
あお-い　青 ………………………①- 45
あか　赤 ……………………………①- 48
あか-い　赤 ………………………①- 48
あ-かす　明 ………………………②- 148
あか-らむ　赤 ……………………①- 48
あか-らむ　明 ……………………②- 148
あか-らめる　赤 …………………①- 48
あ-かり　明 ………………………②- 148
あ-がる　上 ………………………①- 39
あ-がる　挙 ………………………④- 43

あか-るい　明 ……………………②- 148

あか-るむ　明 ……………………②- 148

あき　秋 …………………………②- 76

あきな-う　商 ……………………③- 93

あき-らか　明 ……………………②- 148

アク　悪 …………………………③- 1

あ-く　明 …………………………②- 148

あ-く　空 …………………………①- 17

あ-く　開 …………………………③- 21

あ-くる　明 ………………………②- 148

あ-ける　明 ………………………②- 148

あ-ける　空 ………………………①- 17

あ-ける　開 ………………………③- 21

あ-げる　上 ………………………①- 39

あ-げる　挙 ………………………④- 43

あさ　朝 …………………………②- 111

あざ　字 …………………………①- 30

あさ-い　浅 ………………………④- 118

あし　足 …………………………①- 54
あじ　味 …………………………③- 175
あじ-わう　味 ……………………③- 175
あず-かる　預 ……………………⑥- 180
あず-ける　預 ……………………⑥- 180
あそ-ぶ　遊 ………………………③- 184
あたい　価 ………………………⑤- 17
あたい　値 ………………………⑥- 127
あたた-か　温 ……………………③- 17
あたた-か　暖 ……………………⑥- 126
あたた-かい　温 …………………③- 17
あたた-かい　暖 …………………⑥- 126
あたた-まる　温 …………………③- 17
あたた-まる　暖 …………………⑥- 126
あたた-める　温 …………………③- 17
あたた-める　暖 …………………⑥- 126
あたま　頭 ………………………②- 123
あたら-しい　新 …………………②- 85

あた-り　辺 ……………………④- 172
あ-たる　当 ……………………②- 120
アツ　圧 ……………………………⑤- 1
あつ-い　厚 ……………………⑤- 59
あつ-い　暑 ……………………③- 89
あつ-い　熱 ……………………④- 152
あつ-まる　集 …………………③- 84
あつ-める　集 …………………③- 84
あ-てる　当 ……………………②- 120
あと　後 …………………………②- 43
あな　穴 …………………………⑥- 37
あに　兄 …………………………②- 34
あね　姉 …………………………②- 66
あば-く　暴 ……………………⑤- 181
あば-れる　暴 …………………⑤- 181
あ-びせる　浴 …………………④- 188
あ-びる　浴 ……………………④- 188
あぶ-ない　危 …………………⑥- 21

あぶら　油 …… ③- 182
あま　天 …… ①- 62
あま　雨 …… ①- 3
あま-す　余 …… ⑤- 188
あま-る　余 …… ⑤- 188
あ-む　編 …… ⑤- 173
あめ　天 …… ①- 62
あめ　雨 …… ①- 3
あや-うい　危 …… ⑥- 21
あやつ-る　操 …… ⑥- 115
あや-ぶむ　危 …… ⑥- 21
あやま-ち　過 …… ⑤- 19
あやま-つ　過 …… ⑤- 19
あやま-る　誤 …… ⑥- 46
あやま-る　謝 …… ⑤- 94
あゆ-む　歩 …… ②- 141
あら-う　洗 …… ⑥- 106
あらかじ-め　予 …… ③- 185

あらそ-う　争 ……………………④- 122
あら-た　新 ……………………②- 85
あらた-まる　改 ……………………④- 20
あらた-める　改 ……………………④- 20
あらわ-す　表 ……………………③- 162
あらわ-す　著 ……………………⑥- 130
あらわ-す　現 ……………………⑤- 53
あらわ-れる　表 ……………………③- 162
あらわ-れる　現 ……………………⑤- 53
あ-る　在 ……………………⑤- 74
あ-る　有 ……………………③- 183
ある-く　歩 ……………………②- 141
あ-わす　合 ……………………②- 54
あ-わせる　合 ……………………②- 54
アン　安 ……………………③- 2
アン　行 ……………………②- 51
アン　案 ……………………④- 2
アン　暗 ……………………③- 3

い

イ　以 ……④- 3
イ　衣 ……④- 4
イ　医 ……③- 4
イ　位 ……④- 5
イ　囲 ……⑤- 2
イ　委 ……③- 5
イ　胃 ……⑥- 1
イ　移 ……⑤- 3
イ　異 ……⑥- 2
イ　意 ……③- 6
イ　遺 ……⑥- 3
イ　易 ……⑤- 8
い　井 ……④- 108
い-う　言 ……②- 38
いえ　家 ……②- 9
い-かす　生 ……①- 44

イキ　域 ……………………………… ⑥- 4
いき　息 …………………………… ③- 111
いきお-い　勢 ……………………… ⑤- 114
い-きる　生 ………………………… ①- 44
い-きる　活 ………………………… ②- 19
イク　育 ……………………………… ③- 7
い-く　行 …………………………… ②- 51
いくさ　戦 ………………………… ④- 119
いけ　池 …………………………… ②- 105
い-ける　生 ………………………… ①- 44
いさぎよ-い　潔 …………………… ⑤- 48
いさ-む　勇 ………………………… ④- 185
いし　石 …………………………… ①- 47
いずみ　泉 ………………………… ⑥- 105
いそ-ぐ　急 ………………………… ③- 32
いた　板 …………………………… ③- 155
いた-い　痛 ………………………… ⑥- 136
いただき　頂 ……………………… ⑥- 132

いただ-く　頂 ……………………⑥- 132
いた-む　痛 ……………………⑥- 136
いた-む　傷 ……………………⑥- 91
いた-める　痛 ……………………⑥- 136
いた-める　傷 ……………………⑥- 91
いた-る　至 ……………………⑥- 64
イチ　一 ……………………①- 1
いち　市 ……………………②- 64
いちじる-しい　著 ……………………⑥- 130
イツ　一 ……………………①- 1
いつ　五 ……………………①- 21
いつ-つ　五 ……………………①- 21
いと　糸 ……………………①- 29
いとな-む　営 ……………………⑤- 6
いばら　茨 ……………………④- 6
いな　否 ……………………⑥- 155
いぬ　犬 ……………………①- 19
いのち　命 ……………………③- 176

いま　今 ……………………………②- 58
いもうと　妹 ……………………②- 146
い-る　入 …………………………①- 67
い-る　居 …………………………⑤- 40
い-る　射 …………………………⑥- 71
い-る　要 …………………………④- 186
い-れる　入 ………………………①- 67
いろ　色 …………………………②- 82
いわ　岩 …………………………②- 22
いわ-う　祝 ………………………④- 96
イン　引 …………………………②- 1
イン　印 …………………………④- 7
イン　因 …………………………⑤- 4
イン　音 …………………………①- 6
イン　員 …………………………③- 8
イン　院 …………………………③- 9
イン　飲 …………………………③- 10

う

ウ　右 ……………………………①- 2
ウ　宇 ……………………………⑥- 5
ウ　有 ……………………………③- 183
ウ　羽 ……………………………②- 2
ウ　雨 ……………………………①- 3
うい　初 …………………………④- 98
うえ　上 …………………………①- 39
う-える　植 ………………………③- 97
うお　魚 …………………………②- 29
う-かる　受 ………………………③- 79
うけたまわ-る　承 ………………⑥- 89
う-ける　受 ………………………③- 79
うご-かす　動 ……………………③- 144
うご-く　動 ………………………③- 144
うし　牛 …………………………②- 28
うじ　氏 …………………………④- 84

うしな-う　失 ……………………④- 92
うし-ろ　後 ……………………②- 43
うた　歌 ……………………②- 10
うた-う　歌 ……………………②- 10
うたが-う　疑 ……………………⑥- 25
うち　内 ……………………②- 127
う-つ　打 ……………………③- 115
う-つ　討 ……………………⑥- 139
うつく-しい　美 ……………………③- 158
うつ-す　写 ……………………③- 73
うつ-す　映 ……………………⑥- 6
うつ-す　移 ……………………⑤- 3
うつ-る　写 ……………………③- 73
うつ-る　映 ……………………⑥- 6
うつ-る　移 ……………………⑤- 3
うつわ　器 ……………………④- 37
うぶ　産 ……………………④- 81
うま　馬 ……………………②- 130

うｰまれる　生 ……………………①- 44
うｰまれる　産 ……………………④- 81
うみ　海 ……………………②- 14
うｰむ　生 ……………………①- 44
うｰむ　産 ……………………④- 81
うめ　梅 ……………………④- 155
うやまｰう　敬 ……………………⑥- 33
うら　裏 ……………………⑥- 187
うｰる　売 ……………………②- 131
うｰる　得 ……………………⑤- 149
うｰれる　売 ……………………②- 131
うｰれる　熟 ……………………⑥- 83
うわ　上 ……………………①- 39
うｰわる　植 ……………………③- 97
ウン　運 ……………………③- 11
ウン　雲 ……………………②- 3

え

エ　会 ……………………………②- 13
エ　回 ……………………………②- 12
エ　絵 ……………………………②- 15
え　重 ……………………………③- 86
エイ　永 …………………………⑤- 5
エイ　泳 …………………………③- 12
エイ　英 …………………………④- 8
エイ　栄 …………………………④- 9
エイ　映 …………………………⑥- 6
エイ　営 …………………………⑤- 6
エイ　衛 …………………………⑤- 7
エキ　役 …………………………③- 179
エキ　易 …………………………⑤- 8
エキ　益 …………………………⑤- 9
エキ　液 …………………………⑤- 10
エキ　駅 …………………………③- 13

えだ　枝 ……………………………⑤- 85
え-む　笑 …………………………④- 100
えら-ぶ　選 ………………………④- 120
え-る　得 …………………………⑤- 149
エン　円 ……………………………①- 4
エン　延 ……………………………⑥- 7
エン　沿 ……………………………⑥- 8
エン　園 ……………………………②- 4
エン　遠 ……………………………②- 5
エン　塩 ……………………………④- 11
エン　演 ……………………………⑤- 11
エン　媛 ……………………………④- 10

お

オ　和 ……………………………③- 200
オ　悪 ……………………………③- 1
お　小 ……………………………①- 38
お-いる　老 ………………………④- 200

オウ　王 ……………… ①- 5
オウ　央 ……………… ③- 14
オウ　応 ……………… ⑤- 12
オウ　往 ……………… ⑤- 13
オウ　皇 ……………… ⑥- 49
オウ　桜 ……………… ⑤- 14
オウ　黄 ……………… ②- 53
オウ　横 ……………… ③- 15
お-う　生 ……………… ①- 44
お-う　追 ……………… ③- 130
お-う　負 ……………… ③- 166
お-える　終 ……………… ③- 82
おお　大 ……………… ①- 56
おお-い　多 ……………… ②- 100
おお-いに　大 ……………… ①- 56
おお-きい　大 ……………… ①- 56
おおやけ　公 ……………… ②- 46
おか　岡 ……………… ④- 12

おか-す　犯 ……………………⑤- 156
おが-む　拝 ……………………⑥- 149
おき　沖 ……………………④- 136
おぎな-う　補 ……………………⑥- 165
お-きる　起 ……………………③- 28
オク　屋 ……………………③- 16
オク　億 ……………………④- 13
お-く　置 ……………………④- 134
おく-る　送 ……………………③- 109
おく-れる　後 ……………………②- 43
お-こす　起 ……………………③- 28
おこ-す　興 ……………………⑤- 64
おごそ-か　厳 ……………………⑥- 43
おこな-う　行 ……………………②- 51
お-こる　起 ……………………③- 28
おこ-る　興 ……………………⑤- 64
おさな-い　幼 ……………………⑥- 181
おさ-まる　収 ……………………⑥- 76

おさ-まる　治 ……………………④- 88
おさ-まる　修 ……………………⑤- 96
おさ-まる　納 ……………………⑥- 146
おさ-める　収 ……………………⑥- 76
おさ-める　治 ……………………④- 88
おさ-める　修 ……………………⑤- 96
おさ-める　納 ……………………⑥- 146
おし-える　教 ……………………②- 32
お-す　推 …………………………⑥- 97
おそ-わる　教 ……………………②- 32
お-ちる　落 ………………………③- 191
おっと　夫 ………………………④- 164
おと　音 ……………………………①- 6
おとうと　弟 ……………………②- 114
おとこ　男 ………………………①- 57
お-とす　落 ………………………③- 191
おとず-れる　訪 ………………⑥- 168
おな-じ　同 ………………………②- 124

おのおの　各 ……………………④- 24
おのれ　己 ……………………⑥- 44
おび　帯 ……………………④- 130
お-びる　帯 ……………………④- 130
おぼ-える　覚 ……………………④- 25
おも　主 ……………………③- 75
おも　面 ……………………③- 177
おも-い　重 ……………………③- 86
おも-う　思 ……………………②- 67
おも-う　想 ……………………③- 110
おもて　表 ……………………③- 162
おもて　面 ……………………③- 177
おや　親 ……………………②- 86
およ-ぐ　泳 ……………………③- 12
おり　折 ……………………④- 115
お-りる　下 ……………………①- 7
お-りる　降 ……………………⑥- 51
お-る　折 ……………………④- 115

お-る　織 ……………………… ⑤- 109
お-れる　折 …………………… ④- 115
お-ろす　下 ……………………… ①- 7
お-ろす　降 …………………… ⑥- 51
お-わる　終 …………………… ③- 82
オン　音 ………………………… ①- 6
オン　恩 ………………………… ⑥- 9
オン　温 ………………………… ③- 17
オン　遠 ………………………… ②- 5
おんな　女 ……………………… ①- 37

か

カ　下 ………………………… ①- 7
カ　火 ………………………… ①- 8
カ　化 ………………………… ③- 18
カ　加 ………………………… ④- 14
カ　可 ………………………… ⑤- 15
カ　仮 ………………………… ⑤- 16

カ 花 ……………………………①- 9
カ 何 ……………………………②- 6
カ 果 ……………………………④- 15
カ 価 ……………………………⑤- 17
カ 河 ……………………………⑤- 18
カ 科 ……………………………②- 7
カ 夏 ……………………………②- 8
カ 家 ……………………………②- 9
カ 荷 ……………………………③- 19
カ 貨 ……………………………④- 16
カ 過 ……………………………⑤- 19
カ 歌 ……………………………②- 10
カ 課 ……………………………④- 17
か 鹿 ……………………………④- 91
か 日 ……………………………①- 66
か 香 ……………………………④- 66
ガ 我 ……………………………⑥- 10
ガ 画 ……………………………②- 11

ガ　河 ……………………………⑤- 18
ガ　芽 ……………………………④- 18
ガ　賀 ……………………………④- 19
カイ　回 …………………………②- 12
カイ　会 …………………………②- 13
カイ　灰 …………………………⑥- 11
カイ　快 …………………………⑤- 20
カイ　改 …………………………④- 20
カイ　海 …………………………②- 14
カイ　界 …………………………③- 20
カイ　械 …………………………④- 21
カイ　絵 …………………………②- 15
カイ　街 …………………………④- 23
カイ　開 …………………………③- 21
カイ　階 …………………………③- 22
カイ　解 …………………………⑤- 21
かい　貝 …………………………①- 10
ガイ　外 …………………………②- 16

ガイ　害 …… ④- 22
ガイ　街 …… ④- 23
かいこ　蚕 …… ⑥- 63
か-う　交 …… ②- 48
か-う　買 …… ②- 132
か-う　飼 …… ⑤- 88
かえ-す　返 …… ③- 172
かえ-す　帰 …… ②- 26
かえり-みる　省 …… ④- 110
か-える　代 …… ③- 118
か-える　変 …… ④- 173
かえ-る　返 …… ③- 172
かえ-る　帰 …… ②- 26
かお　顔 …… ②- 23
かお-り　香 …… ④- 66
かお-る　香 …… ④- 66
かがみ　鏡 …… ④- 47
かかり　係 …… ③- 46

かか-る　係 ……………………③- 46
かか-わる　関 ……………………④- 30
かぎ-る　限 ……………………⑤- 52
カク　各 ……………………④- 24
カク　角 ……………………②- 17
カク　画 ……………………②- 11
カク　拡 ……………………⑥- 12
カク　客 ……………………③- 30
カク　革 ……………………⑥- 13
カク　格 ……………………⑤- 22
カク　覚 ……………………④- 25
カク　閣 ……………………⑥- 14
カク　確 ……………………⑤- 23
か-く　欠 ……………………④- 58
か-く　書 ……………………②- 79
ガク　学 ……………………①- 11
ガク　楽 ……………………②- 18
ガク　額 ……………………⑤- 24

か-ける　欠 ……………………④- 58
かこ-う　囲 ……………………⑤- 2
かこ-む　囲 ……………………⑤- 2
かざ　風 ……………………②- 137
かさ-なる　重 ……………………③- 86
かさ-ねる　重 ……………………③- 86
かしら　頭 ……………………②- 123
か-す　貸 ……………………⑤- 134
かず　数 ……………………②- 88
かぜ　風 ……………………②- 137
かぞ-える　数 ……………………②- 88
かた　方 ……………………②- 143
かた　片 ……………………⑥- 164
かた　形 ……………………②- 35
かた　型 ……………………⑤- 46
かた　潟 ……………………④- 26
がた　潟 ……………………④- 26
かた-い　固 ……………………④- 63

かた-い　難 ……………………⑥- 143
かたき　敵 ……………………⑥- 137
かたち　形 ……………………②- 35
かたな　刀 ……………………②- 118
かた-まる　固 ……………………④- 63
かた-める　固 ……………………④- 63
かた-らう　語 ……………………②- 44
かた-る　語 ……………………②- 44
カツ　活 ……………………②- 19
カツ　割 ……………………⑥- 15
か-つ　勝 ……………………③- 95
カッ　合 ……………………②- 54
ガツ　月 ……………………①- 18
ガッ　合 ……………………②- 54
かつ-ぐ　担 ……………………⑥- 122
かど　角 ……………………②- 17
かど　門 ……………………②- 151
かな　金 ……………………①- 16

かな-しい　悲 ……………………③- 157
かな-しむ　悲 ……………………③- 157
かな-でる　奏 ……………………⑥- 110
かなめ　要 ………………………④- 186
かなら-ず　必 ……………………④- 160
かね　金 ……………………………①- 16
かぶ　株 ……………………………⑥- 16
かま-う　構 ………………………⑤- 63
かま-える　構 ……………………⑤- 63
かみ　上 ……………………………①- 39
かみ　神 ……………………………③- 100
かみ　紙 ……………………………②- 68
かよ-う　通 ………………………②- 113
から　空 ……………………………①- 17
からだ　体 ………………………②- 102
かり　仮 ……………………………⑤- 16
か-りる　借 ………………………④- 93
かる-い　軽 ………………………③- 47

かろ-やか　軽 ……………………③- 47
かわ　川 ……………………①- 50
かわ　皮 ……………………③- 156
かわ　河 ……………………⑤- 18
かわ　革 ……………………⑥- 13
がわ　側 ……………………④- 126
か-わす　交 ……………………②- 48
か-わる　代 ……………………③- 118
か-わる　変 ……………………④- 173
カン　干 ……………………⑥- 17
カン　刊 ……………………⑤- 25
カン　完 ……………………④- 27
カン　官 ……………………④- 28
カン　巻 ……………………⑥- 18
カン　看 ……………………⑥- 19
カン　寒 ……………………③- 23
カン　間 ……………………②- 20
カン　幹 ……………………⑤- 26

カン　感 …………………………③- 24
カン　漢 …………………………③- 25
カン　管 …………………………④- 29
カン　関 …………………………④- 30
カン　慣 …………………………⑤- 27
カン　館 …………………………③- 26
カン　観 …………………………④- 31
カン　簡 …………………………⑥- 20
かん　神 ………………………… ③- 100
ガン　丸 …………………………②- 21
ガン　元 …………………………②- 37
ガン　岸 …………………………③- 27
ガン　岩 …………………………②- 22
ガン　眼 …………………………⑤- 28
ガン　顔 …………………………②- 23
ガン　願 …………………………④- 32
かんが-える　考 ………………②- 50

き

キ　己 ……………………………⑥- 44
キ　危 ……………………………⑥- 21
キ　机 ……………………………⑥- 22
キ　気 ……………………………①- 12
キ　希 ……………………………④- 34
キ　汽 ……………………………②- 24
キ　季 ……………………………④- 36
キ　紀 ……………………………⑤- 29
キ　記 ……………………………②- 25
キ　帰 ……………………………②- 26
キ　起 ……………………………③- 28
キ　基 ……………………………⑤- 30
キ　寄 ……………………………⑤- 31
キ　規 ……………………………⑤- 32
キ　喜 ……………………………⑤- 33
キ　揮 ……………………………⑥- 23

キ　期 ……………………………③- 29
キ　貴 ……………………………⑥- 24
キ　岐 ……………………………④- 33
キ　旗 ……………………………④- 35
キ　器 ……………………………④- 37
キ　機 ……………………………④- 38
き　木 ……………………………①- 73
き　生 ……………………………①- 44
き　黄 ……………………………②- 53
ギ　岐 ……………………………④- 33
ギ　技 ……………………………⑤- 34
ギ　義 ……………………………⑤- 35
ギ　疑 ……………………………⑥- 25
ギ　議 ……………………………④- 39
き-える　消 ………………………③- 92
き-く　利 ………………………④- 189
き-く　効 ………………………⑤- 58
き-く　聞 ………………………②- 139

き-こえる　聞 ……………………②- 139
きざ-し　兆 ……………………④- 137
きざ-す　兆 ……………………④- 137
きざ-む　刻 ……………………⑥- 53
きし　岸 ……………………③- 27
きず　傷 ……………………⑥- 91
きず-く　築 ……………………⑤- 138
き-せる　着 ……………………③- 124
きそ-う　競 ……………………④- 48
きた　北 ……………………②- 144
きた-す　来 ……………………②- 157
きた-る　来 ……………………②- 157
きぬ　絹 ……………………⑥- 39
きび-しい　厳 ……………………⑥- 43
き-まる　決 ……………………③- 49
きみ　君 ……………………③- 45
き-める　決 ……………………③- 49
キャク　客 ……………………③- 30

ギャク　逆 ……………………⑤- 36
キュウ　九 ……………………①- 13
キュウ　久 ……………………⑤- 37
キュウ　弓 ……………………②- 27
キュウ　旧 ……………………⑤- 38
キュウ　休 ……………………①- 14
キュウ　吸 ……………………⑥- 26
キュウ　求 ……………………④- 40
キュウ　究 ……………………③- 31
キュウ　泣 ……………………④- 41
キュウ　急 ……………………③- 32
キュウ　級 ……………………③- 33
キュウ　宮 ……………………③- 34
キュウ　球 ……………………③- 35
キュウ　救 ……………………⑤- 39
キュウ　給 ……………………④- 42
ギュウ　牛 ……………………②- 28
キョ　去 ……………………③- 36

キョ 居 ……………………………⑤- 40
キョ 挙 ……………………………④- 43
キョ 許 ……………………………⑤- 41
ギョ 魚 ……………………………②- 29
ギョ 漁 ……………………………④- 44
きよ-い 清 ………………………④- 111
キョウ 兄 …………………………②- 34
キョウ 共 …………………………④- 45
キョウ 京 …………………………②- 30
キョウ 供 …………………………⑥- 27
キョウ 協 …………………………④- 46
キョウ 胸 …………………………⑥- 28
キョウ 郷 …………………………⑥- 29
キョウ 強 …………………………②- 31
キョウ 教 …………………………②- 32
キョウ 経 …………………………⑤- 47
キョウ 境 …………………………⑤- 42
キョウ 興 …………………………⑤- 64

キョウ　橋 ……………………③- 37
キョウ　鏡 ……………………④- 47
キョウ　競 ……………………④- 48
キョウ　香 ……………………④- 66
ギョウ　行 ……………………②- 51
ギョウ　形 ……………………②- 35
ギョウ　業 ……………………③- 38
キョク　曲 ……………………③- 39
キョク　局 ……………………③- 40
キョク　極 ……………………④- 49
ギョク　玉 ……………………①- 15
きよ-まる　清 ………………④- 111
きよ-める　清 ………………④- 111
き-る　切 ……………………②- 93
き-る　着 ……………………③- 124
き-れる　切 …………………②- 93
きわ　際 ……………………⑤- 73
きわ-まる　極 ………………④- 49

きわ-み　極 ……………………④- 49
きわ-める　究 ……………………③- 31
きわ-める　極 ……………………④- 49
キン　今 ……………………②- 58
キン　均 ……………………⑤- 43
キン　近 ……………………②- 33
キン　金 ……………………①- 16
キン　勤 ……………………⑥- 30
キン　筋 ……………………⑥- 31
キン　禁 ……………………⑤- 44
ギン　銀 ……………………③- 41

く

ク　九 ……………………①- 13
ク　久 ……………………⑤- 37
ク　口 ……………………①- 22
ク　工 ……………………②- 45
ク　区 ……………………③- 42

ク　功 …………………… ④- 64
ク　句 …………………… ⑤- 45
ク　供 …………………… ⑥- 27
ク　苦 …………………… ③- 43
ク　紅 …………………… ⑥- 50
ク　宮 …………………… ③- 34
ク　庫 …………………… ③- 52
グ　具 …………………… ③- 44
クウ　空 …………………… ①- 17
く-う　食 …………………… ②- 83
グウ　宮 …………………… ③- 34
くさ　草 …………………… ①- 53
くすり　薬 …………………… ③- 180
くだ　管 …………………… ④- 29
くだ-さる　下 …………………… ①- 7
くだ-す　下 …………………… ①- 7
くだ-る　下 …………………… ①- 7
くち　口 …………………… ①- 22

くに　国 …………………… ②- 56
くば-る　配 …………………… ③- 148
くび　首 …………………… ②- 75
くま　熊 …………………… ④- 50
くみ　組 …………………… ②- 98
く-む　組 …………………… ②- 98
くも　雲 …………………… ②- 3
くら　倉 …………………… ④- 123
くら　蔵 …………………… ⑥- 116
くらい　位 …………………… ④- 5
くら-い　暗 …………………… ③- 3
く-らう　食 …………………… ②- 83
く-らす　暮 …………………… ⑥- 166
くら-べる　比 …………………… ⑤- 159
く-る　来 …………………… ②- 157
くる-しい　苦 …………………… ③- 43
くる-しむ　苦 …………………… ③- 43
くる-しめる　苦 …………………… ③- 43

くるま　車 ……………………①- 33
くれない　紅 …………………⑥- 50
く-れる　暮 …………………⑥- 166
くろ　黒 ………………………②- 57
くろ-い　黒 …………………②- 57
くわ-える　加 ………………④- 14
くわ-わる　加 ………………④- 14
クン　君 ………………………③- 45
クン　訓 ………………………④- 51
グン　軍 ………………………④- 52
グン　郡 ………………………④- 53
グン　群 ………………………④- 54

け

ケ　化 …………………………③- 18
ケ　仮 …………………………⑤- 16
ケ　気 …………………………①- 12
ケ　家 …………………………②- 9

け　毛 ……………………………… ②- 150
ゲ　下 ……………………………… ①- 7
ゲ　外 ……………………………… ②- 16
ゲ　夏 ……………………………… ②- 8
ゲ　解 ……………………………… ⑤- 21
ケイ　兄 ……………………………… ②- 34
ケイ　形 ……………………………… ②- 35
ケイ　系 ……………………………… ⑥- 32
ケイ　京 ……………………………… ②- 30
ケイ　径 ……………………………… ④- 55
ケイ　係 ……………………………… ③- 46
ケイ　型 ……………………………… ⑤- 46
ケイ　計 ……………………………… ②- 36
ケイ　経 ……………………………… ⑤- 47
ケイ　敬 ……………………………… ⑥- 33
ケイ　景 ……………………………… ④- 56
ケイ　軽 ……………………………… ③- 47
ケイ　境 ……………………………… ⑤- 42

ケイ　警 ……………………………⑥- 34
ケイ　競 ……………………………④- 48
ゲイ　芸 ……………………………④- 57
ゲキ　劇 ……………………………⑥- 35
ゲキ　激 ……………………………⑥- 36
け-す　消 …………………………③- 92
ケツ　欠 ……………………………④- 58
ケツ　穴 ……………………………⑥- 37
ケツ　血 ……………………………③- 48
ケツ　決 ……………………………③- 49
ケツ　結 ……………………………④- 59
ケツ　潔 ……………………………⑤- 48
ゲツ　月 ……………………………①- 18
けわ-しい　険 ……………………⑤- 50
ケン　犬 ……………………………①- 19
ケン　件 ……………………………⑤- 49
ケン　見 ……………………………①- 20
ケン　券 ……………………………⑥- 38

ケン　建 ……………………………④- 60
ケン　研 ……………………………③- 50
ケン　県 ……………………………③- 51
ケン　健 ……………………………④- 61
ケン　険 ……………………………⑤- 50
ケン　検 ……………………………⑤- 51
ケン　間 ……………………………②- 20
ケン　絹 ……………………………⑥- 39
ケン　権 ……………………………⑥- 40
ケン　憲 ……………………………⑥- 41
ケン　験 ……………………………④- 62
ゲン　元 ……………………………②- 37
ゲン　言 ……………………………②- 38
ゲン　限 ……………………………⑤- 52
ゲン　原 ……………………………②- 39
ゲン　現 ……………………………⑤- 53
ゲン　眼 ……………………………⑤- 28
ゲン　減 ……………………………⑤- 54

ゲン　源 ⋯⋯⋯⋯ ⑥- 42
ゲン　厳 ⋯⋯⋯⋯ ⑥- 43
ゲン　験 ⋯⋯⋯⋯ ④- 62

こ

コ　己 ⋯⋯⋯⋯ ⑥- 44
コ　戸 ⋯⋯⋯⋯ ②- 40
コ　去 ⋯⋯⋯⋯ ③- 36
コ　古 ⋯⋯⋯⋯ ②- 41
コ　呼 ⋯⋯⋯⋯ ⑥- 45
コ　固 ⋯⋯⋯⋯ ④- 63
コ　故 ⋯⋯⋯⋯ ⑤- 55
コ　個 ⋯⋯⋯⋯ ⑤- 56
コ　庫 ⋯⋯⋯⋯ ③- 52
コ　湖 ⋯⋯⋯⋯ ③- 53
こ　小 ⋯⋯⋯⋯ ①- 38
こ　子 ⋯⋯⋯⋯ ①- 27
こ　木 ⋯⋯⋯⋯ ①- 73

こ　粉 …… ⑤- 172
こ　黄 …… ②- 53
ゴ　五 …… ①- 21
ゴ　午 …… ②- 42
ゴ　後 …… ②- 43
ゴ　期 …… ③- 29
ゴ　語 …… ②- 44
ゴ　誤 …… ⑥- 46
ゴ　護 …… ⑤- 57
コウ　口 …… ①- 22
コウ　工 …… ②- 45
コウ　公 …… ②- 46
コウ　功 …… ④- 64
コウ　広 …… ②- 47
コウ　交 …… ②- 48
コウ　光 …… ②- 49
コウ　向 …… ③- 54
コウ　后 …… ⑥- 47

コウ　好 ……………………………④- 65
コウ　考 ……………………………②- 50
コウ　行 ……………………………②- 51
コウ　孝 ……………………………⑥- 48
コウ　効 ……………………………⑤- 58
コウ　幸 ……………………………③- 55
コウ　厚 ……………………………⑤- 59
コウ　後 ……………………………②- 43
コウ　皇 ……………………………⑥- 49
コウ　紅 ……………………………⑥- 50
コウ　香 ……………………………④- 66
コウ　候 ……………………………④- 67
コウ　格 ……………………………⑤- 22
コウ　校 ……………………………①- 23
コウ　耕 ……………………………⑤- 60
コウ　航 ……………………………⑤- 61
コウ　降 ……………………………⑥- 51
コウ　高 ……………………………②- 52

コウ　康 ……… ④- 68
コウ　黄 ……… ②- 53
コウ　港 ……… ③- 56
コウ　鉱 ……… ⑤- 62
コウ　構 ……… ⑤- 63
コウ　興 ……… ⑤- 64
コウ　鋼 ……… ⑥- 52
コウ　講 ……… ⑤- 65
こう　神 ……… ③- 100
ゴウ　号 ……… ③- 57
ゴウ　合 ……… ②- 54
ゴウ　強 ……… ②- 31
ゴウ　郷 ……… ⑥- 29
ゴウ　業 ……… ③- 38
こえ　声 ……… ②- 90
こえ　肥 ……… ⑤- 160
こ-える　肥 ……… ⑤- 160
こおり　氷 ……… ③- 161

コク　石 ……①- 47
コク　告 ……⑤- 66
コク　谷 ……②- 55
コク　刻 ……⑥- 53
コク　国 ……②- 56
コク　黒 ……②- 57
コク　穀 ……⑥- 54
ゴク　極 ……④- 49
ここの　九 ……①- 13
ここの-つ　九 ……①- 13
こころ　心 ……②- 84
こころざし　志 ……⑤- 84
こころざ-す　志 ……⑤- 84
こころ-みる　試 ……④- 86
こころよ-い　快 ……⑤- 20
こた-え　答 ……②- 122
こた-える　答 ……②- 122
コツ　骨 ……⑥- 55

こと　言 …………………… ②- 38

こと　事 …………………… ③- 69

こと　異 …………………… ⑥- 2

ことわ-る　断 …………………… ⑤- 137

こな　粉 …………………… ⑤- 172

この-む　好 …………………… ④- 65

こま-か　細 …………………… ②- 60

こま-かい　細 …………………… ②- 60

こま-る　困 …………………… ⑥- 56

こ-む　混 …………………… ⑤- 67

こめ　米 …………………… ②- 140

こ-やし　肥 …………………… ⑤- 160

こ-やす　肥 …………………… ⑤- 160

ころ-がす　転 …………………… ③- 135

ころ-がる　転 …………………… ③- 135

ころ-げる　転 …………………… ③- 135

ころ-す　殺 …………………… ⑤- 77

ころ-ぶ　転 …………………… ③- 135

ころも　衣 ……………………………④- 4
こわ　声 ………………………………②- 90
コン　今 ………………………………②- 58
コン　困 ………………………………⑥- 56
コン　金 ………………………………①- 16
コン　建 ………………………………④- 60
コン　根 ………………………………③- 58
コン　混 ………………………………⑤- 67
ゴン　言 ………………………………②- 38
ゴン　勤 ………………………………⑥- 30
ゴン　権 ………………………………⑥- 40
ゴン　厳 ………………………………⑥- 43

さ

サ　左 …………………………………①- 24
サ　再 …………………………………⑤- 69
サ　作 …………………………………②- 61
サ　茶 …………………………………②- 107

サ 査 ……………………………⑤- 68
サ 砂 ……………………………⑥- 57
サ 差 ……………………………④- 70
サ 佐 ……………………………④- 69
ザ 座 ……………………………⑥- 58
サイ 才 …………………………②- 59
サイ 切 …………………………②- 93
サイ 再 …………………………⑤- 69
サイ 西 …………………………②- 89
サイ 災 …………………………⑤- 70
サイ 妻 …………………………⑤- 71
サイ 殺 …………………………⑤- 77
サイ 財 …………………………⑤- 75
サイ 菜 …………………………④- 71
サイ 採 …………………………⑤- 72
サイ 済 …………………………⑥- 59
サイ 祭 …………………………③- 59
サイ 細 …………………………②- 60

サイ　最 ……④- 72
サイ　裁 ……⑥- 60
サイ　際 ……⑤- 73
さい　埼 ……④- 73
ザイ　在 ……⑤- 74
ザイ　材 ……④- 74
ザイ　財 ……⑤- 75
ザイ　罪 ……⑤- 76
さいわ-い　幸 ……③- 55
さか　坂 ……③- 154
さか　阪 ……④- 157
さか　逆 ……⑤- 36
さか　酒 ……③- 78
さかい　境 ……⑤- 42
さか-える　栄 ……④- 9
さが-す　探 ……⑥- 123
さかな　魚 ……②- 29
さか-らう　逆 ……⑤- 36

さか-る　盛 ……………………⑥- 99
さ-がる　下 ……………………①- 7
さか-ん　盛 ……………………⑥- 99
さき　先 ……………………①- 51
さき　崎 ……………………④- 75
ざき　崎 ……………………④- 75
サク　冊 ……………………⑥- 62
サク　作 ……………………②- 61
サク　昨 ……………………④- 76
サク　策 ……………………⑥- 61
さ-く　割 ……………………⑥- 15
さくら　桜 ……………………⑤- 14
さぐ-る　探 ……………………⑥- 123
さけ　酒 ……………………③- 78
さ-げる　下 ……………………①- 7
さ-げる　提 ……………………⑤- 142
ささ-える　支 ……………………⑤- 82
さ-す　指 ……………………③- 65

さ-す　差 ……………………④- 70
さず-かる　授 ……………………⑤- 95
さず-ける　授 ……………………⑤- 95
さだ-か　定 ……………………③- 131
さだ-まる　定 ……………………③- 131
さだ-める　定 ……………………③- 131
さち　幸 ……………………③- 55
サツ　冊 ……………………⑥- 62
サツ　札 ……………………④- 77
サツ　刷 ……………………④- 78
サツ　殺 ……………………⑤- 77
サツ　察 ……………………④- 79
サッ　早 ……………………①- 52
ザツ　雑 ……………………⑤- 78
さと　里 ……………………②- 158
さば-く　裁 ……………………⑥- 60
さま　様 ……………………③- 190
さ-ます　冷 ……………………④- 197

さ-ます　覚 …………………… ④- 25
さむ-い　寒 …………………… ③- 23
さ-める　冷 …………………… ④- 197
さ-める　覚 …………………… ④- 25
さら　皿 …………………… ③- 60
さ-る　去 …………………… ③- 36
さわ-る　障 …………………… ⑥- 92
サン　三 …………………… ①- 25
サン　山 …………………… ①- 26
サン　参 …………………… ④- 80
サン　蚕 …………………… ⑥- 63
サン　産 …………………… ④- 81
サン　散 …………………… ④- 82
サン　算 …………………… ②- 62
サン　酸 …………………… ⑤- 79
サン　賛 …………………… ⑤- 80
ザン　残 …………………… ④- 83

し

シ　士 ……………………………… ⑤- 81
シ　子 ……………………………… ①- 27
シ　支 ……………………………… ⑤- 82
シ　止 ……………………………… ②- 63
シ　氏 ……………………………… ④- 84
シ　仕 ……………………………… ③- 61
シ　史 ……………………………… ⑤- 83
シ　司 ……………………………… ④- 85
シ　四 ……………………………… ①- 28
シ　市 ……………………………… ②- 64
シ　矢 ……………………………… ②- 65
シ　示 ……………………………… ⑤- 89
シ　死 ……………………………… ③- 62
シ　次 ……………………………… ③- 68
シ　糸 ……………………………… ①- 29
シ　自 ……………………………… ②- 70

シ　至　……………………………⑥- 64
シ　志　……………………………⑤- 84
シ　私　……………………………⑥- 65
シ　使　……………………………③- 63
シ　始　……………………………③- 64
シ　姉　……………………………②- 66
シ　枝　……………………………⑤- 85
シ　姿　……………………………⑥- 66
シ　思　……………………………②- 67
シ　指　……………………………③- 65
シ　紙　……………………………②- 68
シ　師　……………………………⑤- 86
シ　視　……………………………⑥- 67
シ　歯　……………………………③- 66
シ　詞　……………………………⑥- 68
シ　詩　……………………………③- 67
シ　試　……………………………④- 86
シ　資　……………………………⑤- 87

シ　飼 …………………………… ⑤- 88
シ　誌 …………………………… ⑥- 69
シ　滋 …………………………… ④- 89
ジ　仕 …………………………… ③- 61
ジ　示 …………………………… ⑤- 89
ジ　地 …………………………… ②- 104
ジ　字 …………………………… ①- 30
ジ　寺 …………………………… ②- 69
ジ　次 …………………………… ③- 68
ジ　耳 …………………………… ①- 31
ジ　自 …………………………… ②- 70
ジ　似 …………………………… ⑤- 90
ジ　児 …………………………… ④- 87
ジ　事 …………………………… ③- 69
ジ　治 …………………………… ④- 88
ジ　持 …………………………… ③- 70
ジ　除 …………………………… ⑥- 88
ジ　時 …………………………… ②- 71

ジ　滋 ……④-89
ジ　辞 ……④-90
ジ　磁 ……⑥-70
じ　路 ……③-199
しあわ-せ　幸 ……③-55
し-いる　強 ……②-31
しお　塩 ……④-11
しお　潮 ……⑥-134
しか　鹿 ……④-91
シキ　式 ……③-71
シキ　色 ……②-82
シキ　織 ……⑤-109
シキ　識 ……⑤-91
ジキ　直 ……②-112
ジキ　食 ……②-83
しず　静 ……④-112
しず-か　静 ……④-112
しず-まる　静 ……④-112

しず-める　静 …… ④- 112
した　下 …… ①- 7
した　舌 …… ⑥- 102
したが-う　従 …… ⑥- 80
したが-える　従 …… ⑥- 80
した-しい　親 …… ②- 86
した-しむ　親 …… ②- 86
シチ　七 …… ①- 32
シチ　質 …… ⑤- 92
シツ　失 …… ④- 92
シツ　室 …… ②- 72
シツ　質 …… ⑤- 92
ジツ　日 …… ①- 66
ジツ　実 …… ③- 72
ジッ　十 …… ①- 35
しな　品 …… ③- 165
し-ぬ　死 …… ③- 62
しま　島 …… ③- 140

し-まる　閉 ……………………⑥- 163
し-み　染 ………………………⑥- 107
し-みる　染 ……………………⑥- 107
しめ-す　示 ……………………⑤- 89
し-める　閉 ……………………⑥- 163
しも　下 ………………………①- 7
シャ　写 ………………………③- 73
シャ　社 ………………………②- 73
シャ　車 ………………………①- 33
シャ　舎 ………………………⑤- 93
シャ　者 ………………………③- 74
シャ　砂 ………………………⑥- 57
シャ　射 ………………………⑥- 71
シャ　捨 ………………………⑥- 72
シャ　謝 ………………………⑤- 94
シャク　尺 ……………………⑥- 73
シャク　石 ……………………①- 47
シャク　赤 ……………………①- 48

シャク　昔 ……………………… ③- 106
シャク　借 ……………………… ④- 93
ジャク　若 ……………………… ⑥- 74
ジャク　弱 ……………………… ②- 74
ジャク　着 ……………………… ③- 124
シュ　手 ………………………… ①- 34
シュ　主 ………………………… ③- 75
シュ　守 ………………………… ③- 76
シュ　取 ………………………… ③- 77
シュ　首 ………………………… ②- 75
シュ　修 ………………………… ⑤- 96
シュ　酒 ………………………… ③- 78
シュ　衆 ………………………… ⑥- 79
シュ　種 ………………………… ④- 94
ジュ　受 ………………………… ③- 79
ジュ　従 ………………………… ⑥- 80
ジュ　授 ………………………… ⑤- 95
ジュ　就 ………………………… ⑥- 78

ジュ　樹 ………………………⑥- 75
シュウ　収 ………………………⑥- 76
シュウ　州 ………………………③- 80
シュウ　周 ………………………④- 95
シュウ　宗 ………………………⑥- 77
シュウ　拾 ………………………③- 81
シュウ　祝 ………………………④- 96
シュウ　秋 ………………………②- 76
シュウ　修 ………………………⑤- 96
シュウ　週 ………………………②- 77
シュウ　終 ………………………③- 82
シュウ　習 ………………………③- 83
シュウ　就 ………………………⑥- 78
シュウ　衆 ………………………⑥- 79
シュウ　集 ………………………③- 84
ジュウ　十 ………………………①- 35
ジュウ　中 ………………………①- 59
ジュウ　住 ………………………③- 85

ジュウ　拾 …… ③- 81
ジュウ　重 …… ③- 86
ジュウ　従 …… ⑥- 80
ジュウ　縦 …… ⑥- 81
シュク　祝 …… ④- 96
シュク　宿 …… ③- 87
シュク　縮 …… ⑥- 82
ジュク　熟 …… ⑥- 83
シュツ　出 …… ①- 36
ジュツ　述 …… ⑤- 97
ジュツ　術 …… ⑤- 98
シュン　春 …… ②- 78
ジュン　純 …… ⑥- 84
ジュン　順 …… ④- 97
ジュン　準 …… ⑤- 99
ショ　処 …… ⑥- 85
ショ　初 …… ④- 98
ショ　所 …… ③- 88

ショ　書 ……②- 79

ショ　暑 ……③- 89

ショ　署 ……⑥- 86

ショ　諸 ……⑥- 87

ジョ　女 ……①- 37

ジョ　助 ……③- 90

ジョ　序 ……⑤- 100

ジョ　除 ……⑥- 88

ショウ　上 ……①- 39

ショウ　小 ……①- 38

ショウ　少 ……②- 80

ショウ　井 ……④- 108

ショウ　正 ……①- 43

ショウ　生 ……①- 44

ショウ　声 ……②- 90

ショウ　性 ……⑤- 112

ショウ　招 ……⑤- 101

ショウ　承 ……⑥- 89

ショウ　青 ……………………①- 45
ショウ　松 ……………………④- 99
ショウ　政 ……………………⑤- 113
ショウ　昭 ……………………③- 91
ショウ　星 ……………………②- 91
ショウ　省 ……………………④- 110
ショウ　相 ……………………③- 108
ショウ　将 ……………………⑥- 90
ショウ　従 ……………………⑥- 80
ショウ　消 ……………………③- 92
ショウ　笑 ……………………④- 100
ショウ　商 ……………………③- 93
ショウ　唱 ……………………④- 101
ショウ　清 ……………………④- 111
ショウ　章 ……………………③- 94
ショウ　勝 ……………………③- 95
ショウ　焼 ……………………④- 102
ショウ　証 ……………………⑤- 102

ショウ　装 ……………………… ⑥- 113
ショウ　象 ……………………… ⑤- 103
ショウ　傷 ……………………… ⑥- 91
ショウ　照 ……………………… ④- 103
ショウ　障 ……………………… ⑥- 92
ショウ　精 ……………………… ⑤- 115
ショウ　賞 ……………………… ⑤- 104
ジョウ　上 ……………………… ①- 39
ジョウ　成 ……………………… ④- 109
ジョウ　条 ……………………… ⑤- 105
ジョウ　状 ……………………… ⑤- 106
ジョウ　定 ……………………… ③- 131
ジョウ　乗 ……………………… ③- 96
ジョウ　城 ……………………… ④- 104
ジョウ　常 ……………………… ⑤- 107
ジョウ　情 ……………………… ⑤- 108
ジョウ　盛 ……………………… ⑥- 99
ジョウ　場 ……………………… ②- 81

ジョウ　蒸 ……………………⑥- 93
ジョウ　静 ……………………④- 112
ジョウ　縄 ……………………④- 105
ショク　色 ……………………②- 82
ショク　食 ……………………②- 83
ショク　植 ……………………③- 97
ショク　織 ……………………⑤- 109
ショク　職 ……………………⑤- 110
しら　白 ………………………①- 69
しら-べる　調 ………………③- 129
しりぞ-く　退 ………………⑥- 120
しりぞ-ける　退 ……………⑥- 120
し-る　知 ……………………②- 106
しるし　印 ……………………④- 7
しる-す　記 …………………②- 25
しろ　代 ………………………③- 118
しろ　白 ………………………①- 69
しろ　城 ………………………④- 104

しろ-い　白 …… ①- 69
シン　心 …… ②- 84
シン　申 …… ③- 98
シン　身 …… ③- 99
シン　臣 …… ④- 106
シン　信 …… ④- 107
シン　神 …… ③- 100
シン　真 …… ③- 101
シン　針 …… ⑥- 94
シン　深 …… ③- 102
シン　進 …… ③- 103
シン　森 …… ①- 40
シン　新 …… ②- 85
シン　親 …… ②- 86
ジン　人 …… ①- 41
ジン　仁 …… ⑥- 95
ジン　臣 …… ④- 106
ジン　神 …… ③- 100

す

ス　子 …………………………①- 27
ス　主 …………………………③- 75
ス　守 …………………………③- 76
ス　素 …………………………⑤- 124
ス　数 …………………………②- 88
す　州 …………………………③- 80
す　巣 …………………………④- 124
ズ　図 …………………………②- 87
ズ　豆 …………………………③- 139
ズ　事 …………………………③- 69
ズ　頭 …………………………②- 123
スイ　水 ………………………①- 42
スイ　出 ………………………①- 36
スイ　垂 ………………………⑥- 96
スイ　推 ………………………⑥- 97
す-い　酸 ……………………⑤- 79

スウ　数 …… ②- 88
す-う　吸 …… ⑥- 26
すえ　末 …… ④- 179
すがた　姿 …… ⑥- 66
す-ぎる　過 …… ⑤- 19
す-く　好 …… ④- 65
すく-う　救 …… ⑤- 39
すく-ない　少 …… ②- 80
すぐ-れる　優 …… ⑥- 179
すけ　助 …… ③- 90
すこ-し　少 …… ②- 80
す-ごす　過 …… ⑤- 19
すこ-やか　健 …… ④- 61
すじ　筋 …… ⑥- 31
すす-む　進 …… ③- 103
すす-める　進 …… ③- 103
す-てる　捨 …… ⑥- 72
すな　砂 …… ⑥- 57

すべ-て　全……③- 107
す-べる　統……⑤- 145
す-まう　住……③- 85
す-ます　済……⑥- 59
すみ　炭……③- 121
すみ-やか　速……③- 112
す-む　住……③- 85
す-む　済……⑥- 59
す-る　刷……④- 78
すわ-る　座……⑥- 58
スン　寸……⑥- 98

せ

セ　世……③- 104
せ　背……⑥- 150
セイ　井……④- 108
セイ　世……③- 104
セイ　正……①- 43

セイ　生 ……………………………①- 44
セイ　成 ……………………………④- 109
セイ　西 ……………………………②- 89
セイ　声 ……………………………②- 90
セイ　制 ……………………………⑤- 111
セイ　性 ……………………………⑤- 112
セイ　青 ……………………………①- 45
セイ　政 ……………………………⑤- 113
セイ　星 ……………………………②- 91
セイ　省 ……………………………④- 110
セイ　情 ……………………………⑤- 108
セイ　清 ……………………………④- 111
セイ　盛 ……………………………⑥- 99
セイ　晴 ……………………………②- 92
セイ　勢 ……………………………⑤- 114
セイ　聖 ……………………………⑥- 100
セイ　誠 ……………………………⑥- 101
セイ　精 ……………………………⑤- 115

セイ 製 ……………………… ⑤- 116
セイ 静 ……………………… ④- 112
セイ 整 ……………………… ③- 105
せい 背 ……………………… ⑥- 150
ゼイ 税 ……………………… ⑤- 117
ゼイ 説 ……………………… ④- 117
セキ 夕 ……………………… ①- 46
セキ 石 ……………………… ①- 47
セキ 赤 ……………………… ①- 48
セキ 昔 ……………………… ③- 106
セキ 席 ……………………… ④- 113
セキ 責 ……………………… ⑤- 118
セキ 積 ……………………… ④- 114
セキ 績 ……………………… ⑤- 119
せき 関 ……………………… ④- 30
セチ 節 ……………………… ④- 116
セツ 切 ……………………… ②- 93
セツ 折 ……………………… ④- 115

セツ　殺 ……………… ⑤- 77
セツ　接 ……………… ⑤- 120
セツ　設 ……………… ⑤- 121
セツ　雪 ……………… ②- 94
セツ　節 ……………… ④- 116
セツ　説 ……………… ④- 117
ゼツ　舌 ……………… ⑥- 102
ゼツ　絶 ……………… ⑤- 122
ぜに　銭 ……………… ⑥- 108
せ-める　責 ……………… ⑤- 118
せ-る　競 ……………… ④- 48
セン　千 ……………… ①- 49
セン　川 ……………… ①- 50
セン　先 ……………… ①- 51
セン　宣 ……………… ⑥- 103
セン　専 ……………… ⑥- 104
セン　泉 ……………… ⑥- 105
セン　浅 ……………… ④- 118

セン　洗 ⑥- 106
セン　染 ⑥- 107
セン　船 ②- 95
セン　戦 ④- 119
セン　銭 ⑥- 108
セン　線 ②- 96
セン　選 ④- 120
ゼン　全 ③- 107
ゼン　前 ②- 97
ゼン　善 ⑥- 109
ゼン　然 ④- 121

そ

ソ　祖 ⑤- 123
ソ　素 ⑤- 124
ソ　組 ②- 98
ソ　想 ③- 110
ソウ　早 ①- 52

ソウ　争 ……………………… ④- 122
ソウ　走 ……………………… ②- 99
ソウ　宗 ……………………… ⑥- 77
ソウ　奏 ……………………… ⑥- 110
ソウ　相 ……………………… ③- 108
ソウ　草 ……………………… ①- 53
ソウ　送 ……………………… ③- 109
ソウ　倉 ……………………… ④- 123
ソウ　巣 ……………………… ④- 124
ソウ　窓 ……………………… ⑥- 111
ソウ　創 ……………………… ⑥- 112
ソウ　装 ……………………… ⑥- 113
ソウ　想 ……………………… ③- 110
ソウ　総 ……………………… ⑤- 125
ソウ　層 ……………………… ⑥- 114
ソウ　操 ……………………… ⑥- 115
そ-う　沿 ……………………… ⑥- 8
ゾウ　造 ……………………… ⑤- 126

ゾウ　象 …………………………… ⑤- 103
ゾウ　像 …………………………… ⑤- 127
ゾウ　増 …………………………… ⑤- 128
ゾウ　雑 …………………………… ⑤- 78
ゾウ　蔵 …………………………… ⑥- 116
ゾウ　臓 …………………………… ⑥- 117
そうろう　候 ……………………… ④- 67
ソク　束 …………………………… ④- 125
ソク　足 …………………………… ①- 54
ソク　則 …………………………… ⑤- 129
ソク　息 …………………………… ③- 111
ソク　速 …………………………… ③- 112
ソク　側 …………………………… ④- 126
ソク　測 …………………………… ⑤- 130
ゾク　族 …………………………… ③- 113
ゾク　属 …………………………… ⑤- 131
ゾク　続 …………………………… ④- 127
そこ　底 …………………………… ④- 139

そこ-なう　損 …………………… ⑤- 133

そこ-ねる　損 …………………… ⑤- 133

そそ-ぐ　注 …………………… ③- 125

そだ-つ　育 ……………………… ③- 7

そだ-てる　育 …………………… ③- 7

ソツ　卒 ………………………… ④- 128

ソツ　率 ………………………… ⑤- 132

そと　外 …………………………… ②- 16

そな-える　供 …………………… ⑥- 27

そな-える　備 …………………… ⑤- 163

そな-わる　備 …………………… ⑤- 163

その　園 ………………………… ②- 4

そ-まる　染 …………………… ⑥- 107

そむ-く　背 …………………… ⑥- 150

そむ-ける　背 ………………… ⑥- 150

そ-める　初 ……………………… ④- 98

そ-める　染 …………………… ⑥- 107

そら　空 ………………………… ①- 17

そ-らす　反 ………………………… ③- 153
そ-る　反 ………………………… ③- 153
ソン　存 ………………………… ⑥- 118
ソン　村 ………………………… ①- 55
ソン　孫 ………………………… ④- 129
ソン　尊 ………………………… ⑥- 119
ソン　損 ………………………… ⑤- 133
ゾン　存 ………………………… ⑥- 118

た

タ　太 ………………………… ②- 101
タ　他 ………………………… ③- 114
タ　多 ………………………… ②- 100
た　手 ………………………… ①- 34
た　田 ………………………… ①- 63
ダ　打 ………………………… ③- 115
タイ　大 ………………………… ①- 56
タイ　太 ………………………… ②- 101

タイ　代 ……………………… ③- 118
タイ　台 ……………………… ②- 103
タイ　体 ……………………… ②- 102
タイ　対 ……………………… ③- 116
タイ　待 ……………………… ③- 117
タイ　退 ……………………… ⑥- 120
タイ　帯 ……………………… ④- 130
タイ　隊 ……………………… ④- 131
タイ　貸 ……………………… ⑤- 134
タイ　態 ……………………… ⑤- 135
ダイ　大 ……………………… ①- 56
ダイ　内 ……………………… ②- 127
ダイ　代 ……………………… ③- 118
ダイ　台 ……………………… ②- 103
ダイ　弟 ……………………… ②- 114
ダイ　第 ……………………… ③- 119
ダイ　題 ……………………… ③- 120
たい-ら　平 ……………………… ③- 171

たｰえる　絶 ……………………… ⑤- 122
たか　高 ………………………… ②- 52
たかｰい　高 ……………………… ②- 52
たかｰまる　高 …………………… ②- 52
たかｰめる　高 …………………… ②- 52
たがやｰす　耕 …………………… ⑤- 60
たから　宝 ……………………… ⑥- 167
タク　宅 ………………………… ⑥- 121
タク　度 ………………………… ③- 137
たぐｰい　類 ……………………… ④- 195
たけ　竹 ………………………… ①- 58
たしｰか　確 ……………………… ⑤- 23
たしｰかめる　確 ………………… ⑤- 23
たｰす　足 ………………………… ①- 54
だｰす　出 ………………………… ①- 36
たすｰかる　助 …………………… ③- 90
たすｰける　助 …………………… ③- 90
たずｰねる　訪 …………………… ⑥- 168

たたか-う　戦 ……………………④- 119
ただ-しい　正 ……………………①- 43
ただ-す　正 ………………………①- 43
ただ-ちに　直 ……………………②- 112
タツ　達 …………………………④- 132
た-つ　立 …………………………①- 77
た-つ　建 …………………………④- 60
た-つ　断 …………………………⑤- 137
た-つ　絶 …………………………⑤- 122
た-つ　裁 …………………………⑥- 60
たっと-い　貴 ……………………⑥- 24
たっと-い　尊 ……………………⑥- 119
たっと-ぶ　貴 ……………………⑥- 24
たっと-ぶ　尊 ……………………⑥- 119
たて　縦 …………………………⑥- 81
た-てる　立 ………………………①- 77
た-てる　建 ………………………④- 60
たと-える　例 ……………………④- 198

たに　谷 ……………………… ②- 55
たね　種 ……………………… ④- 94
たの-しい　楽 ………………… ②- 18
たの-しむ　楽 ………………… ②- 18
たば　束 ……………………… ④- 125
たび　度 ……………………… ③- 137
たび　旅 ……………………… ③- 193
た-べる　食 …………………… ②- 83
たま　玉 ……………………… ①- 15
たま　球 ……………………… ③- 35
たまご　卵 …………………… ⑥- 185
たみ　民 ……………………… ④- 182
ため-す　試 …………………… ④- 86
たも-つ　保 …………………… ⑤- 175
た-やす　絶 …………………… ⑤- 122
たよ-り　便 …………………… ④- 174
た-らす　垂 …………………… ⑥- 96
た-りる　足 …………………… ①- 54

た-る　足 ……………………①- 54
た-れる　垂 ………………⑥- 96
たわら　俵 ………………⑥- 158
タン　反 ……………………③- 153
タン　担 ……………………⑥- 122
タン　単 ……………………④- 133
タン　炭 ……………………③- 121
タン　探 ……………………⑥- 123
タン　短 ……………………③- 122
タン　誕 ……………………⑥- 124
ダン　団 ……………………⑤- 136
ダン　男 ……………………①- 57
ダン　段 ……………………⑥- 125
ダン　断 ……………………⑤- 137
ダン　暖 ……………………⑥- 126
ダン　談 ……………………③- 123

ち

チ　地 …… ②- 104
チ　池 …… ②- 105
チ　治 …… ④- 88
チ　知 …… ②- 106
チ　値 …… ⑥- 127
チ　置 …… ④- 134
チ　質 …… ⑤- 92
ち　千 …… ①- 49
ち　血 …… ③- 48
ち　乳 …… ⑥- 144
ちい-さい　小 …… ①- 38
ちか-い　近 …… ②- 33
ちから　力 …… ①- 78
チク　竹 …… ①- 58
チク　築 …… ⑤- 138
ちち　父 …… ②- 136

ちち　乳 …………………………⑥- 144
ちぢ-まる　縮 ……………………⑥- 82
ちぢ-む　縮 ………………………⑥- 82
ちぢ-める　縮 ……………………⑥- 82
ちぢ-らす　縮 ……………………⑥- 82
ちぢ-れる　縮 ……………………⑥- 82
チャ　茶 …………………………②- 107
チャク　着 ………………………③- 124
チュウ　中 ………………………①- 59
チュウ　仲 ………………………④- 135
チュウ　沖 ………………………④- 136
チュウ　虫 ………………………①- 60
チュウ　宙 ………………………⑥- 128
チュウ　忠 ………………………⑥- 129
チュウ　注 ………………………③- 125
チュウ　柱 ………………………③- 126
チュウ　昼 ………………………②- 108
チョ　著 …………………………⑥- 130

チョ　貯 …………………… ⑤- 139
チョウ　丁 …………………… ③- 127
チョウ　庁 …………………… ⑥- 131
チョウ　兆 …………………… ④- 137
チョウ　町 …………………… ①- 61
チョウ　長 …………………… ②- 109
チョウ　重 …………………… ③- 86
チョウ　帳 …………………… ③- 128
チョウ　張 …………………… ⑤- 140
チョウ　頂 …………………… ⑥- 132
チョウ　鳥 …………………… ②- 110
チョウ　朝 …………………… ②- 111
チョウ　腸 …………………… ⑥- 133
チョウ　潮 …………………… ⑥- 134
チョウ　調 …………………… ③- 129
チョク　直 …………………… ②- 112
ち-らかす　散 …………………… ④- 82
ち-らかる　散 …………………… ④- 82

ち-らす　散 ……………………④- 82
ち-る　散 ……………………④- 82
チン　賃 ……………………⑥- 135

つ

ツ　通 ……………………②- 113
ツ　都 ……………………③- 136
ツイ　対 ……………………③- 116
ツイ　追 ……………………③- 130
つい-える　費 ……………………⑤- 162
つい-やす　費 ……………………⑤- 162
ツウ　通 ……………………②- 113
ツウ　痛 ……………………⑥- 136
つか-う　使 ……………………③- 63
つか-える　仕 ……………………③- 61
つき　月 ……………………①- 18
つぎ　次 ……………………③- 68
つ-く　付 ……………………④- 165

つ-く　就 ……⑥- 78
つ-く　着 ……③- 124
つ-ぐ　次 ……③- 68
つ-ぐ　接 ……⑤- 120
つくえ　机 ……⑥- 22
つく-る　作 ……②- 61
つく-る　造 ……⑤- 126
つく-る　創 ……⑥- 112
つ-ける　付 ……④- 165
つ-ける　就 ……⑥- 78
つ-ける　着 ……③- 124
つ-げる　告 ……⑤- 66
つた-う　伝 ……④- 142
つた-える　伝 ……④- 142
つた-わる　伝 ……④- 142
つち　土 ……①- 64
つづ-く　続 ……④- 127
つづ-ける　続 ……④- 127

つつ-む　包 …… ④- 175
つど-う　集 …… ③- 84
つと-まる　勤 …… ⑥- 30
つと-まる　務 …… ⑤- 183
つと-める　努 …… ④- 144
つと-める　勤 …… ⑥- 30
つと-める　務 …… ⑤- 183
つね　常 …… ⑤- 107
つの　角 …… ②- 17
つま　妻 …… ⑤- 71
つみ　罪 …… ⑤- 76
つ-む　積 …… ④- 114
つめ-たい　冷 …… ④- 197
つ-もる　積 …… ④- 114
つよ-い　強 …… ②- 31
つよ-まる　強 …… ②- 31
つよ-める　強 …… ②- 31
つら　面 …… ③- 177

つら-なる　連 …… ④- 199
つら-ねる　連 …… ④- 199
つ-れる　連 …… ④- 199

て

て　手 …… ①- 34
デ　弟 …… ②- 114
テイ　丁 …… ③- 127
テイ　体 …… ②- 102
テイ　低 …… ④- 138
テイ　弟 …… ②- 114
テイ　定 …… ③- 131
テイ　底 …… ④- 139
テイ　庭 …… ③- 132
テイ　停 …… ⑤- 141
テイ　提 …… ⑤- 142
テイ　程 …… ⑤- 143
テキ　的 …… ④- 140

テキ　笛 ……③- 133
テキ　適 ……⑤- 144
テキ　敵 ……⑥- 137
テツ　鉄 ……③- 134
てら　寺 ……②- 69
て-らす　照 ……④- 103
て-る　照 ……④- 103
で-る　出 ……①- 36
て-れる　照 ……④- 103
テン　天 ……①- 62
テン　典 ……④- 141
テン　店 ……②- 115
テン　点 ……②- 116
テン　展 ……⑥- 138
テン　転 ……③- 135
デン　田 ……①- 63
デン　伝 ……④- 142
デン　電 ……②- 117

と

ト　土 ……………………………… ①- 64
ト　図 ……………………………… ②- 87
ト　度 ……………………………… ③- 137
ト　徒 ……………………………… ④- 143
ト　都 ……………………………… ③- 136
ト　登 ……………………………… ③- 142
ト　頭 ……………………………… ②- 123
と　十 ……………………………… ①- 35
と　戸 ……………………………… ②- 40
ド　土 ……………………………… ①- 64
ド　努 ……………………………… ④- 144
ド　度 ……………………………… ③- 137
と-い　問 …………………………… ③- 178
トウ　刀 …………………………… ②- 118
トウ　冬 …………………………… ②- 119
トウ　当 …………………………… ②- 120

トウ　灯 ………………………… ④- 145
トウ　投 ………………………… ③- 138
トウ　豆 ………………………… ③- 139
トウ　東 ………………………… ②- 121
トウ　島 ………………………… ③- 140
トウ　討 ………………………… ⑥- 139
トウ　党 ………………………… ⑥- 140
トウ　納 ………………………… ⑥- 146
トウ　道 ………………………… ②- 125
トウ　湯 ………………………… ③- 141
トウ　登 ………………………… ③- 142
トウ　答 ………………………… ②- 122
トウ　等 ………………………… ③- 143
トウ　統 ………………………… ⑤- 145
トウ　読 ………………………… ②- 126
トウ　糖 ………………………… ⑥- 141
トウ　頭 ………………………… ②- 123
と-う　問 ………………………… ③- 178

ドウ　同 ……………………… ②- 124
ドウ　動 ……………………… ③- 144
ドウ　堂 ……………………… ⑤- 146
ドウ　道 ……………………… ②- 125
ドウ　童 ……………………… ③- 145
ドウ　働 ……………………… ④- 146
ドウ　銅 ……………………… ⑤- 147
ドウ　導 ……………………… ⑤- 148
とうと-い　尊 ……………… ⑥- 119
とうと-い　貴 ……………… ⑥- 24
とうと-ぶ　尊 ……………… ⑥- 119
とうと-ぶ　貴 ……………… ⑥- 24
とお　十 ……………………… ①- 35
とお-い　遠 ………………… ②- 5
とお-す　通 ………………… ②- 113
とお-る　通 ………………… ②- 113
と-かす　解 ………………… ⑤- 21
とき　時 ……………………… ②- 71

トク　特 ……………………… ④- 147
トク　得 ……………………… ⑤- 149
トク　徳 ……………………… ④- 148
トク　読 ……………………… ②- 126
と-く　解 ……………………… ⑤- 21
と-く　説 ……………………… ④- 117
と-ぐ　研 ……………………… ③- 50
ドク　毒 ……………………… ⑤- 150
ドク　独 ……………………… ⑤- 151
ドク　読 ……………………… ②- 126
と-ける　解 ……………………… ⑤- 21
とこ　常 ……………………… ⑤- 107
ところ　所 ……………………… ③- 88
と-ざす　閉 ……………………… ⑥- 163
とし　年 ……………………… ①- 68
と-じる　閉 ……………………… ⑥- 163
とち　栃 ……………………… ④- 149
とど-く　届 ……………………… ⑥- 142

とど-ける　届 ……………… ⑥- 142
ととの-う　調 ……………… ③- 129
ととの-う　整 ……………… ③- 105
ととの-える　調 …………… ③- 129
ととの-える　整 …………… ③- 105
とな-える　唱 ……………… ④- 101
と-ばす　飛 ………………… ④- 159
と-ぶ　飛 …………………… ④- 159
と-まる　止 ………………… ②- 63
と-まる　留 ………………… ⑤- 191
とみ　富 …………………… ④- 168
と-む　富 …………………… ④- 168
と-める　止 ………………… ②- 63
と-める　留 ………………… ⑤- 191
とも　友 …………………… ②- 154
とも　共 …………………… ④- 45
とも　供 …………………… ⑥- 27
とり　鳥 …………………… ②- 110

とｰる　取 ……………………… ③- 77
とｰる　採 ……………………… ⑤- 72
トン　団 ……………………… ⑤- 136
とん　問 ……………………… ③- 178

な

ナ　奈 ……………………… ④- 150
ナ　南 ……………………… ②- 128
ナ　納 ……………………… ⑥- 146
な　名 ……………………… ①- 75
な　菜 ……………………… ④- 71
ナイ　内 ……………………… ②- 127
なｰい　亡 ……………………… ⑥- 169
なｰい　無 ……………………… ④- 183
なおｰす　治 ……………………… ④- 88
なおｰす　直 ……………………… ②- 112
なおｰる　治 ……………………… ④- 88
なおｰる　直 ……………………… ②- 112

なか　中 ……………………………①- 59
なか　仲 ……………………………④- 135
なが-い　永 ……………………………⑤- 5
なが-い　長 ……………………………②- 109
なが-す　流 ……………………………③- 192
なか-ば　半 ……………………………②- 134
なが-れる　流 ……………………………③- 192
な-く　泣 ……………………………④- 41
な-く　鳴 ……………………………②- 149
な-げる　投 ……………………………③- 138
なご-む　和 ……………………………③- 200
なご-やか　和 ……………………………③- 200
なさ-け　情 ……………………………⑤- 108
なし　梨 ……………………………④- 151
な-す　成 ……………………………④- 109
なつ　夏 ……………………………②- 8
ナッ　納 ……………………………⑥- 146
なな　七 ……………………………①- 32

なな-つ　七 ……………………①- 32
なに　何 ……………………②- 6
なの　七 ……………………①- 32
なま　生 ……………………①- 44
なみ　波 ……………………③- 147
なみ　並 ……………………⑥- 161
なら-う　習 ……………………③- 83
な-らす　慣 ……………………⑤- 27
な-らす　鳴 ……………………②- 149
なら-びに　並 ……………………⑥- 161
なら-ぶ　並 ……………………⑥- 161
なら-べる　並 ……………………⑥- 161
な-る　成 ……………………④- 109
な-る　鳴 ……………………②- 149
な-れる　慣 ……………………⑤- 27
なわ　縄 ……………………④- 105
ナン　男 ……………………①- 57
ナン　南 ……………………②- 128

ナン　納 ……………………… ⑥- 146
ナン　難 ……………………… ⑥- 143
なん　何 …………………………②- 6

に

ニ　二 …………………………①- 65
ニ　仁 …………………………⑥- 95
ニ　児 …………………………④- 87
に　荷 …………………………③- 19
にい　新 ………………………②- 85
にが-い　苦 …………………③- 43
にが-る　苦 …………………③- 43
ニク　肉 ……………………… ②- 129
にし　西 ………………………②- 89
ニチ　日 ………………………①- 66
にな-う　担 ………………… ⑥- 122
ニャク　若 ……………………⑥- 74
ニュウ　入 ……………………①- 67

ニュウ　乳 …………………… ⑥- 144
ニョ　女 …………………… ①- 37
ニョウ　女 …………………… ①- 37
に-る　似 …………………… ⑤- 90
にわ　庭 …………………… ③- 132
ニン　人 …………………… ①- 41
ニン　任 …………………… ⑤- 152
ニン　認 …………………… ⑥- 145

ぬ

ぬし　主 …………………… ③- 75
ぬの　布 …………………… ⑤- 166

ね

ね　音 …………………… ①- 6
ね　値 …………………… ⑥- 127
ね　根 …………………… ③- 58
ねが-う　願 …………………… ④- 32

ネツ　熱 ……………………④- 152
ね-る　練 ……………………③- 198
ネン　年 ……………………①- 68
ネン　念 ……………………④- 153
ネン　然 ……………………④- 121
ネン　燃 ……………………⑤- 153

の

の　野 ……………………②- 153
ノウ　納 ……………………⑥- 146
ノウ　能 ……………………⑤- 154
ノウ　脳 ……………………⑥- 147
ノウ　農 ……………………③- 146
のこ-す　残 ……………………④- 83
のこ-る　残 ……………………④- 83
の-せる　乗 ……………………③- 96
のぞ-く　除 ……………………⑥- 88
のぞ-む　望 ……………………④- 177

のぞ-む　臨 ……………………… ⑥- 189
のち　後 ……………………………… ②- 43
の-ばす　延 ………………………… ⑥- 7
の-びる　延 ………………………… ⑥- 7
の-べる　延 ………………………… ⑥- 7
の-べる　述 ………………………… ⑤- 97
のぼ-す　上 ………………………… ①- 39
のぼ-せる　上 ……………………… ①- 39
のぼ-る　上 ………………………… ①- 39
のぼ-る　登 ………………………… ③- 142
の-む　飲 …………………………… ③- 10
の-る　乗 …………………………… ③- 96

は

ハ　波 ……………………………… ③- 147
ハ　派 ……………………………… ⑥- 148
ハ　破 ……………………………… ⑤- 155
は　羽 ……………………………… ②- 2

は　葉 ……………………… ③- 188
は　歯 ……………………… ③- 66
バ　馬 ……………………… ②- 130
ば　場 ……………………… ②- 81
ハイ　拝 …………………… ⑥- 149
ハイ　背 …………………… ⑥- 150
ハイ　肺 …………………… ⑥- 151
ハイ　俳 …………………… ⑥- 152
ハイ　配 …………………… ③- 148
ハイ　敗 …………………… ④- 154
はい　灰 …………………… ⑥- 11
バイ　売 …………………… ②- 131
バイ　倍 …………………… ③- 149
バイ　梅 …………………… ④- 155
バイ　買 …………………… ②- 132
はい-る　入 ……………… ①- 67
は-え　栄 ………………… ④- 9
は-える　生 ……………… ①- 44

は-える　栄 ……………………④- 9
は-える　映 ……………………⑥- 6
はか　墓 ……………………⑤- 176
ば-かす　化 ……………………③- 18
はがね　鋼 ……………………⑥- 52
はか-らう　計 ……………………②- 36
はか-る　図 ……………………②- 87
はか-る　計 ……………………②- 36
はか-る　測 ……………………⑤- 130
はか-る　量 ……………………④- 193
ハク　白 ……………………①- 69
ハク　博 ……………………④- 156
バク　麦 ……………………②- 133
バク　博 ……………………④- 156
バク　幕 ……………………⑥- 173
バク　暴 ……………………⑤- 181
はぐく-む　育 ……………………③- 7
はげ-しい　激 ……………………⑥- 36

ばｰける　化 ……………………③- 18
はこ　箱 ……………………③- 150
はこｰぶ　運 ……………………③- 11
はし　橋 ……………………③- 37
はじｰまる　始 ……………………③- 64
はじｰめ　初 ……………………④- 98
はじｰめて　初 ……………………④- 98
はじｰめる　始 ……………………③- 64
はしら　柱 ……………………③- 126
はしｰる　走 ……………………②- 99
はずｰす　外 ……………………②- 16
はずｰれる　外 ……………………②- 16
はた　畑 ……………………③- 151
はた　旗 ……………………④- 35
はた　機 ……………………④- 38
はたけ　畑 ……………………③- 151
はｰたす　果 ……………………④- 15
はたらｰく　働 ……………………④- 146

ハチ　八 ①- 70
ハツ　発 ③- 152
はつ　初 ④- 98
ハッ　法 ④- 176
バツ　末 ④- 179
は-て　果 ④- 15
は-てる　果 ④- 15
はな　花 ①- 9
はな　鼻 ③- 159
はなし　話 ②- 160
はな-す　放 ③- 174
はな-す　話 ②- 160
はな-つ　放 ③- 174
はな-れる　放 ③- 174
はね　羽 ②- 2
はは　母 ②- 142
はぶ-く　省 ④- 110
はや-い　早 ①- 52

はや-い　速 ……………………③- 112
はやし　林 ……………………①- 79
は-やす　生 ……………………①- 44
はや-まる　早 ……………………①- 52
はや-まる　速 ……………………③- 112
はや-める　早 ……………………①- 52
はや-める　速 ……………………③- 112
はら　原 ……………………②- 39
はら　腹 ……………………⑥- 159
は-らす　晴 ……………………②- 92
はり　針 ……………………⑥- 94
はる　春 ……………………②- 78
は-る　張 ……………………⑤- 140
は-れる　晴 ……………………②- 92
ハン　反 ……………………③- 153
ハン　半 ……………………②- 134
ハン　犯 ……………………⑤- 156
ハン　判 ……………………⑤- 157

ハン　阪 …………………………④- 157
ハン　坂 …………………………③- 154
ハン　板 …………………………③- 155
ハン　版 …………………………⑤- 158
ハン　班 …………………………⑥- 153
ハン　飯 …………………………④- 158
バン　万 …………………………②- 147
バン　判 …………………………⑤- 157
バン　板 …………………………③- 155
バン　番 …………………………②- 135
バン　晩 …………………………⑥- 154

ひ

ヒ　比 …………………………⑤- 159
ヒ　皮 …………………………③- 156
ヒ　否 …………………………⑥- 155
ヒ　批 …………………………⑥- 156
ヒ　肥 …………………………⑤- 160

ヒ　非 ……………………… ⑤- 161
ヒ　飛 ……………………… ④- 159
ヒ　秘 ……………………… ⑥- 157
ヒ　悲 ……………………… ③- 157
ヒ　費 ……………………… ⑤- 162
ひ　日 ……………………… ①- 66
ひ　火 ……………………… ①- 8
ひ　氷 ……………………… ③- 161
ひ　灯 ……………………… ④- 145
ビ　美 ……………………… ③- 158
ビ　備 ……………………… ⑤- 163
ビ　鼻 ……………………… ③- 159
ひ-える　冷 ……………………… ④- 197
ひがし　東 ……………………… ②- 121
ひかり　光 ……………………… ②- 49
ひか-る　光 ……………………… ②- 49
ひき-いる　率 ……………………… ⑤- 132
ひ-く　引 ……………………… ②- 1

ひく-い　低　……④- 138
ひく-まる　低　……④- 138
ひく-める　低　……④- 138
ひ-ける　引　……②- 1
ひさ-しい　久　……⑤- 37
ひたい　額　……⑤- 24
ひだり　左　……①- 24
ヒツ　必　……④- 160
ヒツ　筆　……③- 160
ひつじ　羊　……③- 186
ひと　一　……①- 1
ひと　人　……①- 41
ひと-しい　等　……③- 143
ひと-つ　一　……①- 1
ひと-り　独　……⑤- 151
ひめ　媛　……④- 10
ひ-める　秘　……⑥- 157
ひ-や　冷　……④- 197

ひ-やかす　冷 ……………………④- 197
ヒャク　百 ……………………………①- 71
ビャク　白 ……………………………①- 69
ひ-やす　冷 ……………………………④- 197
ヒョウ　氷 ……………………………③- 161
ヒョウ　兵 ……………………………④- 170
ヒョウ　表 ……………………………③- 162
ヒョウ　俵 ……………………………⑥- 158
ヒョウ　票 ……………………………④- 161
ヒョウ　評 ……………………………⑤- 164
ヒョウ　標 ……………………………④- 162
ビョウ　平 ……………………………③- 171
ビョウ　秒 ……………………………③- 163
ビョウ　病 ……………………………③- 164
ひら　平 ………………………………③- 171
ひら-く　開 ……………………………③- 21
ひら-ける　開 …………………………③- 21
ひる　昼 ………………………………②- 108

ひ-る　干 …………………………⑥- 17
ひろ-い　広 ………………………②- 47
ひろ-う　拾 ………………………③- 81
ひろ-がる　広 ……………………②- 47
ひろ-げる　広 ……………………②- 47
ひろ-まる　広 ……………………②- 47
ひろ-める　広 ……………………②- 47
ヒン　品 …………………………③- 165
ヒン　貧 …………………………⑤- 165
ビン　便 …………………………④- 174
ビン　貧 …………………………⑤- 165

ふ

フ　不 ……………………………④- 163
フ　夫 ……………………………④- 164
フ　父 ……………………………②- 136
フ　付 ……………………………④- 165
フ　布 ……………………………⑤- 166

フ　府 ……………………………… ④- 166
フ　歩 ……………………………… ②- 141
フ　負 ……………………………… ③- 166
フ　風 ……………………………… ②- 137
フ　婦 ……………………………… ⑤- 167
フ　阜 ……………………………… ④- 167
フ　富 ……………………………… ④- 168
ブ　不 ……………………………… ④- 163
ブ　分 ……………………………… ②- 138
ブ　武 ……………………………… ⑤- 168
ブ　歩 ……………………………… ②- 141
ブ　部 ……………………………… ③- 167
ブ　無 ……………………………… ④- 183
フウ　夫 …………………………… ④- 164
フウ　風 …………………………… ②- 137
フウ　富 …………………………… ④- 168
ふえ　笛 …………………………… ③- 133
ふ-える　増 ………………………… ⑤- 128

ふか-い　深 ………… ③- 102

ふか-まる　深 ………… ③- 102

ふか-める　深 ………… ③- 102

フク　服 ………… ③- 168

フク　副 ………… ④- 169

フク　復 ………… ⑤- 169

フク　福 ………… ③- 169

フク　腹 ………… ⑥- 159

フク　複 ………… ⑤- 170

ふ-ける　老 ………… ④- 200

ふし　節 ………… ④- 116

ふせ-ぐ　防 ………… ⑤- 179

ふた　二 ………… ①- 65

ふだ　札 ………… ④- 77

ふたた-び　再 ………… ⑤- 69

ふた-つ　二 ………… ①- 65

ブツ　仏 ………… ⑤- 171

ブツ　物 ………… ③- 170

ふで　筆 ……………………… ③- 160
ふと-い　太 ……………………… ②- 101
ふと-る　太 ……………………… ②- 101
ふな　船 ………………………… ②- 95
ふね　船 ………………………… ②- 95
ふみ　文 ………………………… ①- 72
ふ-やす　増 ……………………… ⑤- 128
ふゆ　冬 ………………………… ②- 119
ふ-る　降 ………………………… ⑥- 51
ふる-い　古 ……………………… ②- 41
ふる-う　奮 ……………………… ⑥- 160
ふる-す　古 ……………………… ②- 41
フン　分 ………………………… ②- 138
フン　粉 ………………………… ⑤- 172
フン　奮 ………………………… ⑥- 160
ブン　分 ………………………… ②- 138
ブン　文 ………………………… ①- 72
ブン　聞 ………………………… ②- 139

へ

べ　辺 ……… ④- 172
ヘイ　平 ……… ③- 171
ヘイ　兵 ……… ④- 170
ヘイ　並 ……… ⑥- 161
ヘイ　陛 ……… ⑥- 162
ヘイ　病 ……… ③- 164
ヘイ　閉 ……… ⑥- 163
ベイ　米 ……… ②- 140
ベツ　別 ……… ④- 171
べに　紅 ……… ⑥- 50
へ-らす　減 ……… ⑤- 54
へ-る　経 ……… ⑤- 47
へ-る　減 ……… ⑤- 54
ヘン　片 ……… ⑥- 164
ヘン　辺 ……… ④- 172
ヘン　返 ……… ③- 172

ヘン　変 ……………………… ④-173

ヘン　編 ……………………… ⑤-173

ベン　弁 ……………………… ⑤-174

ベン　便 ……………………… ④-174

ベン　勉 ……………………… ③-173

ほ

ホ　歩 ……………………… ②-141

ホ　保 ……………………… ⑤-175

ホ　補 ……………………… ⑥-165

ほ　火 ……………………… ①-8

ボ　母 ……………………… ②-142

ボ　墓 ……………………… ⑤-176

ボ　模 ……………………… ⑥-176

ボ　暮 ……………………… ⑥-166

ホウ　方 ……………………… ②-143

ホウ　包 ……………………… ④-175

ホウ　宝 ……………………… ⑥-167

ホウ　放 ……………………… ③- 174
ホウ　法 ……………………… ④- 176
ホウ　訪 ……………………… ⑥- 168
ホウ　報 ……………………… ⑤- 177
ホウ　豊 ……………………… ⑤- 178
ほう-る　放 ………………… ③- 174
ボウ　亡 ……………………… ⑥- 169
ボウ　防 ……………………… ⑤- 179
ボウ　忘 ……………………… ⑥- 170
ボウ　望 ……………………… ④- 177
ボウ　貿 ……………………… ⑤- 180
ボウ　棒 ……………………… ⑥- 171
ボウ　暴 ……………………… ⑤- 181
ほか　外 ……………………… ②- 16
ほか　他 ……………………… ③- 114
ほが-らか　朗 ……………… ⑥- 190
ホク　北 ……………………… ②- 144
ボク　木 ……………………… ①- 73

ボク　目 ……………………… ①- 76
ボク　牧 ……………………… ④- 178
ほし　星 ……………………… ②- 91
ほ-しい　欲 ……………………… ⑥- 182
ほ-す　干 ……………………… ⑥- 17
ほそ-い　細 ……………………… ②- 60
ほそ-る　細 ……………………… ②- 60
ホツ　発 ……………………… ③- 152
ホッ　法 ……………………… ④- 176
ほっ-する　欲 ……………………… ⑥- 182
ほど　程 ……………………… ⑤- 143
ほとけ　仏 ……………………… ⑤- 171
ほね　骨 ……………………… ⑥- 55
ホン　反 ……………………… ③- 153
ホン　本 ……………………… ①- 74

ま

ま　目 ……………………… ①- 76

ま　真 ……………………… ③- 101
ま　馬 ……………………… ②- 130
ま　間 ……………………… ②- 20
マイ　米 …………………… ②- 140
マイ　毎 …………………… ②- 145
マイ　妹 …………………… ②- 146
マイ　枚 …………………… ⑥- 172
まい-る　参 ……………… ④- 80
まえ　前 …………………… ②- 97
ま-かす　負 ……………… ③- 166
まか-す　任 ……………… ⑤- 152
まか-せる　任 …………… ⑤- 152
ま-がる　曲 ……………… ③- 39
まき　牧 …………………… ④- 178
まき　巻 …………………… ⑥- 18
マク　幕 …………………… ⑥- 173
ま-く　巻 ………………… ⑥- 18
ま-ける　負 ……………… ③- 166

ま-げる　曲 ……………… ③- 39
まご　孫 ……………… ④- 129
まこと　誠 ……………… ⑥- 101
まさ　正 ……………… ①- 43
まさ-る　勝 ……………… ③- 95
ま-ざる　交 ……………… ②- 48
ま-ざる　混 ……………… ⑤- 67
まじ-える　交 ……………… ②- 48
ま-じる　交 ……………… ②- 48
ま-じる　混 ……………… ⑤- 67
まじ-わる　交 ……………… ②- 48
ま-す　増 ……………… ⑤- 128
まず-しい　貧 ……………… ⑤- 165
ま-ぜる　交 ……………… ②- 48
ま-ぜる　混 ……………… ⑤- 67
まち　町 ……………… ①- 61
まち　街 ……………… ④- 23
マツ　末 ……………… ④- 179

まつ　松 ………… ④- 99
ま-つ　待 ………… ③- 117
まった-く　全 ………… ③- 107
まつ-り　祭 ………… ③- 59
まつりごと　政 ………… ⑤- 113
まつ-る　祭 ………… ③- 59
まと　的 ………… ④- 140
まど　窓 ………… ⑥- 111
まなこ　眼 ………… ⑤- 28
まな-ぶ　学 ………… ①- 11
まね-く　招 ………… ⑤- 101
まめ　豆 ………… ③- 139
まも-る　守 ………… ③- 76
まよ-う　迷 ………… ⑤- 185
まる　丸 ………… ②- 21
まる-い　丸 ………… ②- 21
まる-い　円 ………… ①- 4
まる-める　丸 ………… ②- 21

まわ-す 回 ……………………②- 12
まわ-り 周 ……………………④- 95
まわ-る 回 ……………………②- 12
マン 万 ………………………②- 147
マン 満 ………………………④- 180

み

ミ 未 ………………………④- 181
ミ 味 ………………………③- 175
み 三 ………………………①- 25
み 身 ………………………③- 99
み 実 ………………………③- 72
み-える 見 ……………………①- 20
みき 幹 ………………………⑤- 26
みぎ 右 ………………………①- 2
みさお 操 ……………………⑥- 115
みじか-い 短 …………………③- 122
みず 水 ………………………①- 42

みずうみ　湖 ……………………③- 53
みずか-ら　自 ……………………②- 70
みせ　店 ……………………②- 115
み-せる　見 ……………………①- 20
み-たす　満 ……………………④- 180
みだ-す　乱 ……………………⑥- 184
みだ-れる　乱 ……………………⑥- 184
みち　道 ……………………②- 125
みちび-く　導 ……………………⑤- 148
み-ちる　満 ……………………④- 180
ミツ　密 ……………………⑥- 174
み-つ　三 ……………………①- 25
みっ-つ　三 ……………………①- 25
みと-める　認 ……………………⑥- 145
みどり　緑 ……………………③- 195
みなと　港 ……………………③- 56
みなみ　南 ……………………②- 128
みなもと　源 ……………………⑥- 42

みの-る　実 …………………… ③- 72
みみ　耳 …………………… ①- 31
みや　宮 …………………… ③- 34
ミャク　脈 …………………… ⑤- 182
みやこ　都 …………………… ③- 136
ミョウ　名 …………………… ①- 75
ミョウ　命 …………………… ③- 176
ミョウ　明 …………………… ②- 148
み-る　見 …………………… ①- 20
ミン　民 …………………… ④- 182

む

ム　武 …………………… ⑤- 168
ム　務 …………………… ⑤- 183
ム　無 …………………… ④- 183
ム　夢 …………………… ⑤- 184
む　六 …………………… ①- 80
むい　六 …………………… ①- 80

むｰかう　向 ……………………③- 54
むかし　昔 ……………………③- 106
むぎ　麦 ……………………②- 133
むｰく　向 ……………………③- 54
むくｰいる　報 ……………………⑤- 177
むｰける　向 ……………………③- 54
むｰこう　向 ……………………③- 54
むし　虫 ……………………①- 60
むｰす　蒸 ……………………⑥- 93
むずかｰしい　難 ……………………⑥- 143
むすｰぶ　結 ……………………④- 59
むｰつ　六 ……………………①- 80
むっｰつ　六 ……………………①- 80
むな　胸 ……………………⑥- 28
むね　胸 ……………………⑥- 28
むら　村 ……………………①- 55
むら　群 ……………………④- 54
むｰらす　蒸 ……………………⑥- 93

むｰれ　群 ……………………………④ｰ 54
むｰれる　群 ……………………………④ｰ 54
むｰれる　蒸 ……………………………⑥ｰ 93
むろ　室 ……………………………②ｰ 72

め

め　女 ……………………………①ｰ 37
め　目 ……………………………①ｰ 76
め　芽 ……………………………④ｰ 18
メイ　名 ……………………………①ｰ 75
メイ　命 ……………………………③ｰ 176
メイ　明 ……………………………②ｰ 148
メイ　迷 ……………………………⑤ｰ 185
メイ　盟 ……………………………⑥ｰ 175
メイ　鳴 ……………………………②ｰ 149
めし　飯 ……………………………④ｰ 158
メン　面 ……………………………③ｰ 177
メン　綿 ……………………………⑤ｰ 186

も

モ　模 ………………………… ⑥- 176
モウ　亡 ………………………… ⑥- 169
モウ　毛 ………………………… ②- 150
モウ　望 ………………………… ④- 177
もう-ける　設 ………………… ⑤- 121
もう-す　申 ……………………… ③- 98
も-える　燃 ……………………… ⑤- 153
モク　木 ………………………… ①- 73
モク　目 ………………………… ①- 76
も-しくは　若 ………………… ⑥- 74
も-す　燃 ……………………… ⑤- 153
もち-いる　用 ………………… ②- 155
モツ　物 ………………………… ③- 170
も-つ　持 ……………………… ③- 70
もっと-も　最 ………………… ④- 72
もっぱ-ら　専 ………………… ⑥- 104

もと　下 ……………………………①- 7
もと　元 ……………………………②- 37
もと　本 ……………………………①- 74
もと　基 ……………………………⑤- 30
もとい　基 …………………………⑤- 30
もと-める　求 ………………………④- 40
もの　物 ……………………………③- 170
もの　者 ……………………………③- 74
も-やす　燃 ………………………⑤- 153
もり　森 ……………………………①- 40
もり　守 ……………………………③- 76
も-る　盛 …………………………⑥- 99
モン　文 ……………………………①- 72
モン　門 ……………………………②- 151
モン　問 ……………………………③- 178
モン　聞 ……………………………②- 139

や

ヤ　夜 …… ②- 152
ヤ　野 …… ②- 153
や　八 …… ①- 70
や　矢 …… ②- 65
や　屋 …… ③- 16
や　家 …… ②- 9
やかた　館 …… ③- 26
ヤク　役 …… ③- 179
ヤク　約 …… ④- 184
ヤク　益 …… ⑤- 9
ヤク　訳 …… ⑥- 177
ヤク　薬 …… ③- 180
や-く　焼 …… ④- 102
や-ける　焼 …… ④- 102
やさ-しい　易 …… ⑤- 8
やさ-しい　優 …… ⑥- 179

やしな-う　養 …………………… ④- 187
やしろ　社 …………………………… ②- 73
やす-い　安 …………………………… ③- 2
やす-まる　休 ………………………… ①- 14
やす-む　休 …………………………… ①- 14
やす-める　休 ………………………… ①- 14
や-つ　八 ……………………………… ①- 70
やっ-つ　八 …………………………… ①- 70
やど　宿 ……………………………… ③- 87
やど-す　宿 …………………………… ③- 87
やど-る　宿 …………………………… ③- 87
やぶ-る　破 …………………………… ⑤- 155
やぶ-れる　破 ………………………… ⑤- 155
やぶ-れる　敗 ………………………… ④- 154
やま　山 ……………………………… ①- 26
やまい　病 …………………………… ③- 164
や-む　病 ……………………………… ③- 164
や-める　辞 …………………………… ④- 90

やわ-らぐ　和 ……………… ③- 200
やわ-らげる　和 ……………… ③- 200

ゆ

ユ　由 ……………………… ③- 181
ユ　油 ……………………… ③- 182
ユ　遊 ……………………… ③- 184
ユ　輸 ……………………… ⑤- 187
ゆ　湯 ……………………… ③- 141
ユイ　由 …………………… ③- 181
ユイ　遺 …………………… ⑥- 3
ユウ　右 …………………… ①- 2
ユウ　友 …………………… ②- 154
ユウ　由 …………………… ③- 181
ユウ　有 …………………… ③- 183
ユウ　勇 …………………… ④- 185
ユウ　郵 …………………… ⑥- 178
ユウ　遊 …………………… ③- 184

ユウ　優 …… ⑥- 179
ゆう　夕 …… ①- 46
ゆ-う　結 …… ④- 59
ゆえ　故 …… ⑤- 55
ゆき　雪 …… ②- 94
ゆ-く　行 …… ②- 51
ゆた-か　豊 …… ⑤- 178
ゆだ-ねる　委 …… ③- 5
ゆび　指 …… ③- 65
ゆみ　弓 …… ②- 27
ゆめ　夢 …… ⑤- 184
ゆる-す　許 …… ⑤- 41
ゆ-わえる　結 …… ④- 59

よ

ヨ　予 …… ③- 185
ヨ　余 …… ⑤- 188
ヨ　預 …… ⑥- 180

よ　世 ……………………………… ③- 104
よ　代 ……………………………… ③- 118
よ　四 ……………………………… ①- 28
よ　夜 ……………………………… ②- 152
よ-い　良 …………………………… ④- 191
よ-い　善 …………………………… ⑥- 109
ヨウ　幼 …………………………… ⑥- 181
ヨウ　用 …………………………… ②- 155
ヨウ　羊 …………………………… ③- 186
ヨウ　洋 …………………………… ③- 187
ヨウ　要 …………………………… ④- 186
ヨウ　容 …………………………… ⑤- 189
ヨウ　葉 …………………………… ③- 188
ヨウ　陽 …………………………… ③- 189
ヨウ　様 …………………………… ③- 190
ヨウ　養 …………………………… ④- 187
ヨウ　曜 …………………………… ②- 156
よう　八 …………………………… ①- 70

ヨク　浴 ……………………… ④- 188
ヨク　欲 ……………………… ⑥- 182
ヨク　翌 ……………………… ⑥- 183
よこ　横 ……………………… ③- 15
よし　由 ……………………… ③- 181
よ-せる　寄 ……………………… ⑤- 31
よそお-う　装 ……………………… ⑥- 113
よ-つ　四 ……………………… ①- 28
よっ-つ　四 ……………………… ①- 28
よ-ぶ　呼 ……………………… ⑥- 45
よ-む　読 ……………………… ②- 126
よる　夜 ……………………… ②- 152
よ-る　因 ……………………… ⑤- 4
よ-る　寄 ……………………… ⑤- 31
よろこ-ぶ　喜 ……………………… ⑤- 33
よわ-い　弱 ……………………… ②- 74
よわ-まる　弱 ……………………… ②- 74
よわ-める　弱 ……………………… ②- 74

よわ-る　弱 ……………………… ②- 74
よん　四 ……………………… ①- 28

ら

ライ　礼 ……………………… ③- 196
ライ　来 ……………………… ②- 157
ラク　落 ……………………… ③- 191
ラク　楽 ……………………… ②- 18
ラン　乱 ……………………… ⑥- 184
ラン　卵 ……………………… ⑥- 185
ラン　覧 ……………………… ⑥- 186

り

リ　利 ……………………… ④- 189
リ　里 ……………………… ②- 158
リ　理 ……………………… ②- 159
リ　裏 ……………………… ⑥- 187
リキ　力 ……………………… ①- 78

リク　陸 ……………………… ④- 190
リチ　律 ……………………… ⑥- 188
リツ　立 ……………………… ①- 77
リツ　律 ……………………… ⑥- 188
リツ　率 ……………………… ⑤- 132
リャク　略 ……………………… ⑤- 190
リュウ　立 ……………………… ①- 77
リュウ　流 ……………………… ③- 192
リュウ　留 ……………………… ⑤- 191
リョ　旅 ……………………… ③- 193
リョウ　両 ……………………… ③- 194
リョウ　良 ……………………… ④- 191
リョウ　料 ……………………… ④- 192
リョウ　量 ……………………… ④- 193
リョウ　漁 ……………………… ④- 44
リョウ　領 ……………………… ⑤- 192
リョク　力 ……………………… ①- 78
リョク　緑 ……………………… ③- 195

リン　林 ……①- 79
リン　輪 ……④- 194
リン　臨 ……⑥- 189

る

ル　流 ……③- 192
ル　留 ……⑤- 191
ルイ　類 ……④- 195

れ

レイ　礼 ……③- 196
レイ　令 ……④- 196
レイ　冷 ……④- 197
レイ　例 ……④- 198
レキ　歴 ……⑤- 193
レツ　列 ……③- 197
レン　連 ……④- 201
レン　練 ……③- 198

ろ

ロ　路 ……………………………… ③- 199
ロウ　老 ……………………………… ④- 200
ロウ　労 ……………………………… ④- 201
ロウ　朗 ……………………………… ⑥- 190
ロク　六 ……………………………… ①- 80
ロク　緑 ……………………………… ③- 195
ロク　録 ……………………………… ④- 202
ロン　論 ……………………………… ⑥- 191

わ

ワ　和 ……………………………… ③- 200
ワ　話 ……………………………… ②- 160
わ　我 ……………………………… ⑥- 10
わ　輪 ……………………………… ④- 194
わか-い　若 ……………………… ⑥- 74
わ-かつ　分 ……………………… ②- 138

わ-かる　分 …………………… ②- 138
わ-かれる　分 ………………… ②- 138
わか-れる　別 ………………… ④- 171
わけ　訳 ……………………… ⑥- 177
わ-ける　分 …………………… ②- 138
わざ　技 ……………………… ⑤- 34
わざ　業 ……………………… ③- 38
わざわ-い　災 ……………… ⑤- 70
わす-れる　忘 ……………… ⑥- 170
わた　綿 ……………………… ⑤- 186
わたくし　私 ………………… ⑥- 65
わたし　私 …………………… ⑥- 65
わら-う　笑 ………………… ④- 100
わらべ　童 …………………… ③- 145
わり　割 ……………………… ⑥- 15
わ-る　割 …………………… ⑥- 15
わる-い　悪 ………………… ③- 1
われ　我 ……………………… ⑥- 10

付録1

おもな漢字の部首

◆『小学生で習う漢字1026字』にのっている漢字の部首を中心に紹介します。

部首	部首の名前	漢字の例
一	いち	丁　下
丨	ぼう・たてぼう	中
丶	てん	丸　主
ノ	の・はらいぼう	乗
乙　乚	おつ・おつにょう	九　乳
亅	はねぼう	予　事
二	に	二　五
亠	なべぶた	交　京
人　𠆢	ひと・ひとやね	人　今
亻	にんべん	休　仕
儿	にんにょう・ひとあし	元　兄
入	にゅう・いる	入
八	はち・は	公　六
冂	けいがまえ・まきがまえ・どうがまえ	円

部首	部首の名前	漢字の例
冖	わかんむり	写
冫	にすい	冷
几	つくえ	処
凵	うけばこ・かんにょう	出
刀 刂	かたな・りっとう	切 別
力	ちから	加 助
勹	つつみがまえ	包
匕	ひ	北
匚	かくしがまえ	区 医
十	じゅう	午 南
㔾 卩	ふしづくり	危 印
厂	がんだれ	厚 原
厶	む	去 参
又	また	友 取
口	くち・くちへん	名 味
囗	くにがまえ	四 図
土	つち・つちへん	圧 地
士	さむらい	声
夂	ふゆがしら	冬 変
夕	ゆう・ゆうべ・た	外 多

部首	部首の名前	漢字の例
大	だい	天　央
女	おんな・おんなへん	始　姿
子	こ・こへん	字　孫
宀	うかんむり	安　実
寸	すん	寺　対
小　⺌	しょう	少　当
尢	だいのまげあし	就
尸	しかばね・かばね	局　届
山	やま・やまへん	岩　岐　島
川	かわ	州
工	こう・え	左　差
己	き・おのれ	巻
巾	はば・きんべん・はばへん	市　希
干	かん・いちじゅう・ほす	平　年
幺	いとがしら	幼
广	まだれ	広　店
廴	えんにょう	延　建
廾	にじゅうあし	弁
弋	しきがまえ	式
弓	ゆみ・ゆみへん	引　弟

部首	部首の名前	漢字の例
彡	さんづくり	形
彳	ぎょうにんべん	後　復
艹	くさかんむり	花　若
辶	しんにょう・しんにゅう	近　述
阝	こざとへん	防　院
阝	おおざとへん	郡　都
⺍	つ・つかんむり	巣　単
心	こころ	念
忄	りっしんべん	快
戈	ほこづくり	成　戦
戸	と・とかんむり	所
手	て	挙
扌	てへん	指
支	し・しにょう	支
攵	ぼくにょう・のぶん	放　教
文	ぶん・ぶんにょう	文
斗	と・とます	料
斤	おの・きん・おのづくり	新　断
方	ほう・かたへん	旅　族
日	ひ・ひへん	時　春　早

部首	部首の名前	漢字の例
曰	ひらび・いわく	曲　書
月	つき・つきへん	有　服
木	き・きへん	本　村
欠	あくび・けつ	次　欲
止	とめる・とまる・とめへん	歩　歴
歹	がつへん・かばねへん・いちたへん	死　残
殳	るまた・ほこづくり	段　殺
毋　母	なかれ・ははのかん	母　毎
比	ならびひ	比
毛	け	毛
氏	うじ	民
水　氺	みず　したみず	永　求
氵	さんずい	池　注
火	ひ・ひへん	焼
灬	れっか・れんが	点　熱
父	ちち	父
片	かた・かたへん	版
牛	うし・うしへん	物　特
犬	いぬ	状
犭	けものへん	独　犯

部首	部首の名前	漢字の例
玄	げん	率
玉	たま	玉
王	おう・おうへん	理
生	うまれる	産
用	もちいる	用
田	た・たへん	男　畑
疋	ひき・ひきへん	疑
疒	やまいだれ	病
癶	はつがしら	発
白	しろ・しろへん	百　的
皮	けがわ・ひのかわ	皮
皿	さら	益　盛
目	め・めへん	直　眼
矢	や・やへん	知　短
石	いし・いしへん	砂　研
示	しめす	祭
礻	しめすへん	礼　祝
禾	のぎ・のぎへん	科　種
穴	あな・あなかんむり	空　窓
立	たつ・たつへん	章　競

部首	部首の名前	漢字の例
罒	あみがしら・よこめ	置　罪
竹	たけ・たけかんむり	第　笛
米	こめ・こめへん	粉
糸	いと・いとへん	紙　素
羊	ひつじ	美　着　群
羽	はね	習
耂	おい・おいかんむり	老　考
耒	すき・すきへん	耕
耳	みみ・みみへん	職　聖　聞
肉	にく	肉
月	にくづき	脈　腹
自	みずから	自
至	いたる・いたるへん	至
臼	うす	興
舌	した・したへん	舌
舟	ふね・ふねへん	船
艮	うしとら・こんづくり	良
色	いろ	色
虫	むし・むしへん	蚕
血	ち	衆

部首	部首の名前	漢字の例
行	ぎょうがまえ	術　街
衣	ころも	表　裁
衤	ころもへん	複
西	にし	要
見	みる	規　覚
言	いう・ごんべん	記　話
谷	たに・たにへん	谷
豆	まめ	豊
豕	いのこ・いのこへん・ぶた	象
貝	かい・かいへん	財　買
赤	あか	赤
走	はしる・そうにょう	起
⻊	あし・あしへん	路
身	み・みへん	身
車	くるま・くるまへん	軍　転
辛	からい・しん	辞
辰	しんのたつ	農
酉	ひよみのとり・とりへん	酒　酸
里	さと・さとへん	野　量
臣	しん	臨

部首	部首の名前	漢字の例
麦	むぎ	麦
金	かね・かねへん	鉄　鉱
長	ながい	長
門	もんがまえ・かどがまえ	間　開
隹	ふるとり	集　雑
雨　⻗	あめ・あめかんむり	雪　雲
青	あお	静
非	あらず	非
面	めん	面
革	かくのかわ・かわへん	革
音	おと	音
頁	おおがい・いちのかい	順　預
風	かぜ	風
食　飠	しょく・しょくへん	養　館
首	くび	首
馬	うま・うまへん	駅　験
骨	ほね・ほねへん	骨
高	たかい	高
魚	うお・うおへん	魚
鳥	とり	鳴

付録2

こんな
場面で
出てくるよ!

生活・学習の
テーマ別でみる漢字

漢字をイメージしやすく、覚えやすくするために、45のテーマごとに、小学生で習う漢字をグループ分けしました。
各テーマは、その漢字がよく使われる場面や状況、学校の授業の科目などを想定して設定していますので、参考にしてください。

※リストにある❶❷❸❹❺❻は、習う学年を示しています。

※45のテーマで、すべての漢字（1026字）を網羅しているわけではありません。

もくじ

- 数にかかわる … 160
- カレンダーにかかわる … 160
- ものの数え方や単位にかかわる … 161
- 色にかかわる … 162
- 人をあらわす … 162
- 家族にかかわる … 163
- 人の集まりにかかわる … 163
- 動物にかかわる … 164
- 植物・農業にかかわる … 164
- 地形にかかわる … 165
- 建物や場所にかかわる … 166
- 程度をあらわす … 167
- 打ち消す･なくす･打ち切ることにかかわる … 168
- 順番をあらわす … 169
- 位置や方向をあらわす … 169
- 気象や天文にかかわる … 170
- 季節や時間にかかわる … 170
- 時間の流れにかかわる … 171
- 体にかかわる … 172
- 生きることにかかわる … 172
- 感覚や動作にかかわる … 173
- 病院・保健にかかわる … 174

- 道徳・宗教にかかわる … 175
- 心や気持ちにかかわる … 176
- 料理や飲食にかかわる … 176
- 家庭や暮らしにかかわる … 177
- 危険や注意にかかわる … 178
- 学校にかかわる … 179
- 国語にかかわる … 179
- 伝えること・話し合うことにかかわる … 180
- 理科にかかわる … 181
- 算数にかかわる … 182
- 図画工作にかかわる … 183
- 音楽にかかわる … 183
- スポーツにかかわる … 184
- 芸術や文化・武道にかかわる … 185
- 歴史にかかわる … 186
- 地図にかかわる … 187
- 社会のしくみにかかわる … 187
- お金やその流れにかかわる … 188
- 乗り物や交通にかかわる … 189
- 工業にかかわる … 190
- 仕事にかかわる … 190
- 出版・印刷にかかわる … 191
- なぞときや探検にかかわる … 192

数
にかかわる

❶ 一・二・三・四・五・六・七・八・九・十・百・千
❷ 万
❹ 億・兆

カレンダー
にかかわる

❶ 月・火・水・木・金・土・日・年・休
❷ 曜・週
❹ 祝

15

ものの数え方や単位
にかかわる

❷回・戸・台・才
❸号・丁・度・第
❹束・票
❺基・件・個・条
❻巻・冊・寸・尺・俵・枚

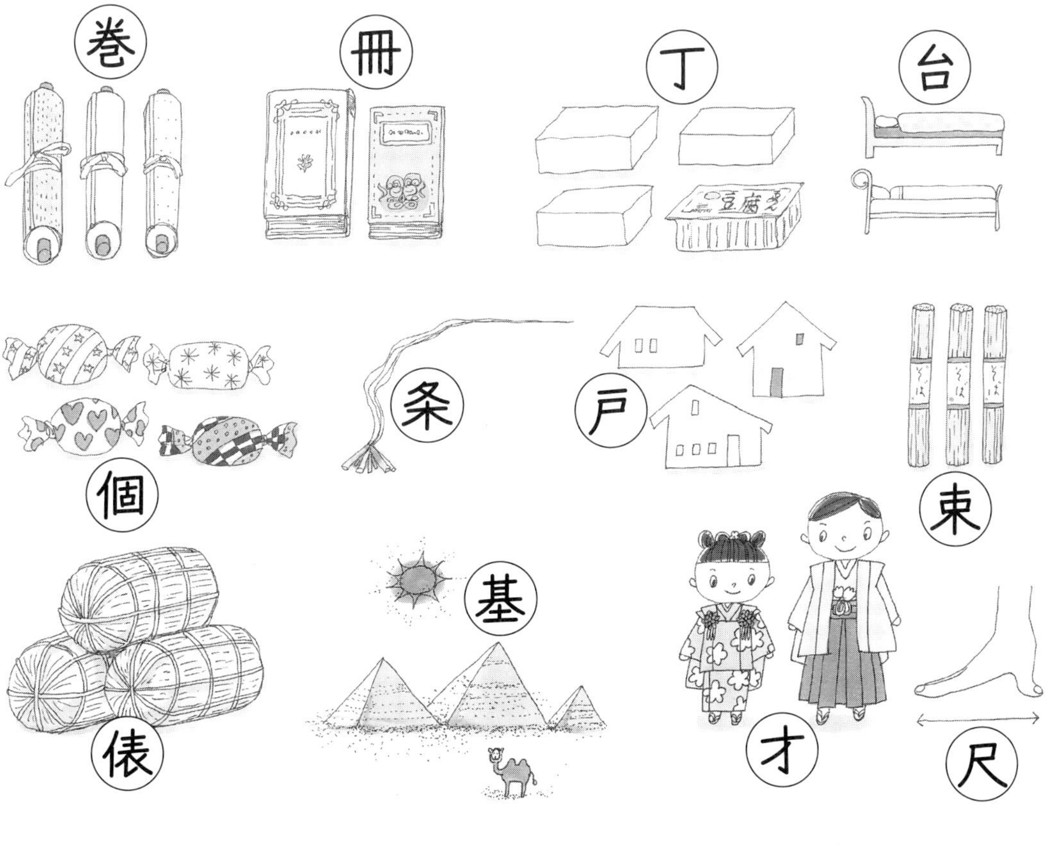

色
にかかわる

❶金・青・赤・白
❷黄・黒・色・茶
❸緑・銀
❻紅

人
をあらわす

❶王・女・人・男
❷自・友
❸員・客・君・者・主・童・様
❹官・氏・司・児・臣・徒・兵・民
❺士・師・婦・独
❻我・己・后・皇・私

家族 にかかわる

❶ 子
❷ 兄・姉・親・弟・父・母・妹
❹ 孫・夫
❺ 妻・祖

人の集まり にかかわる

❸ 局・集・族・部・列
❹ 軍・隊・連・副
❺ 団・属
❻ 閣・系・衆・署・庁・党・派・盟

動物
にかかわる

❶貝・犬・虫
❷羽・牛・魚・鳥・馬・鳴・毛
❸羊
❹群・熊・鹿・巣・牧
❺飼・肥・象
❻蚕

植物・農業
にかかわる

❶花・森・草・竹・田・木・林
❸根・実・植・農・畑・葉
❹果・芽・菜・散・種・松・梅
❺桜・幹・耕・枝・綿
❻株・穀・樹・熟

地形
にかかわる

❶ 山・石・川
❷ 海・岩・原・谷・地・池・野・里
❸ 岸・湖・炭・島・坂・洋
❹ 陸・沖
❺ 河・険・鉱
❻ 穴・砂・泉・層・頂

建物や場所にかかわる

❷園・家・外・戸・寺・室・社・場・内・店・門
❸院・駅・屋・階・館・橋・庫・宿・所・柱・庭
❹建・倉・城
❺居・構・舎・設・堂
❻窓・蔵・宅

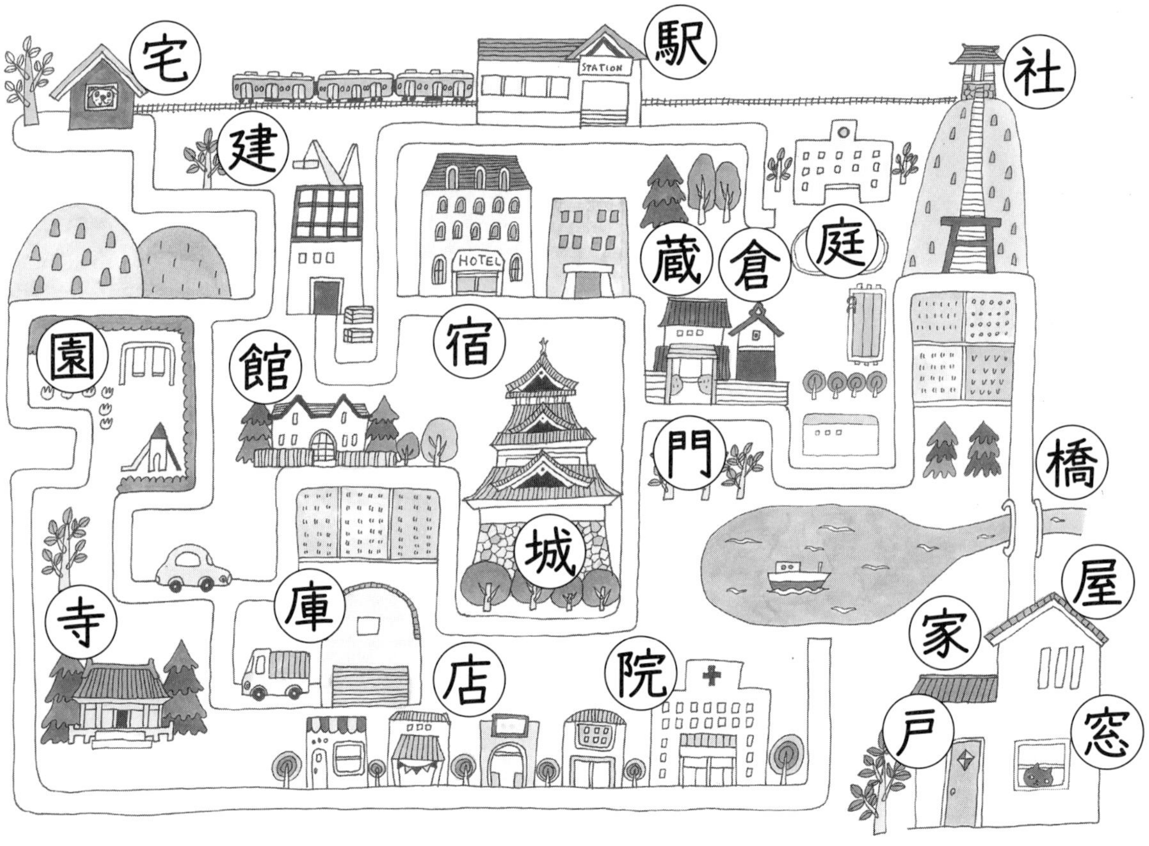
宅
駅
STATION
社
建
HOTEL
蔵
倉
庭
園
館
宿
門
橋
城
屋
寺
庫
家
店
院
戸
窓

程度
をあらわす

❶ 小・大

❷ 遠・強・近・広・高・細・弱・
少・多・太・長・明

❸ 暗・軽・重・深・短

❹ 位・最・浅・低・特

❺ 易・厚・程

❻ 厳・純・難・優

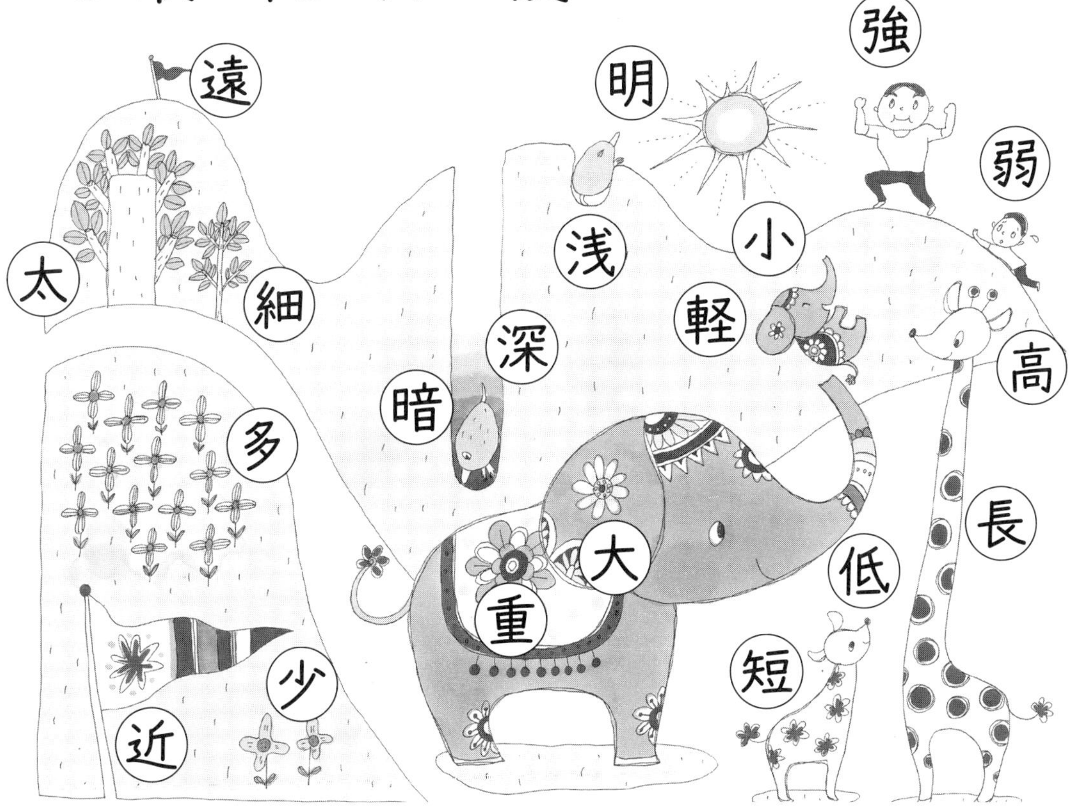

打ち消す・なくす・打ち切ること
にかかわる

❸ 反
❹ 不・未・無・失
❺ 絶・断・非
❻ 否

順番
をあらわす

❶ 先
❷ 後・前・番
❸ 次
❹ 順・初・末
❺ 序・準

位置や方向
をあらわす

❶ 上・下・左・中・右
❷ 東・西・南・北・間・高・方
❸ 央・横・表
❹ 側・低・底
❺ 逆・際
❻ 縦・並・裏

気象や天文 にかかわる

❶雨・空・月・天
❷雲・星・晴・雪・風
❸波・温・寒・暑・陽
❹候・冷
❻宇・降・宙・潮・暖

季節や時間 にかかわる

❶夕・早
❷夏・午・時・秋・春・昼・朝・冬・夜・分
❸秒
❹季・節
❻晩・暮・至

時間の流れ
にかかわる

❷古・今・時・新・毎

❸期・始・終・昔・予

❹完・昨・続

❺永・過・久・旧・経・現・再・
常・限

❻延・刻・済・翌

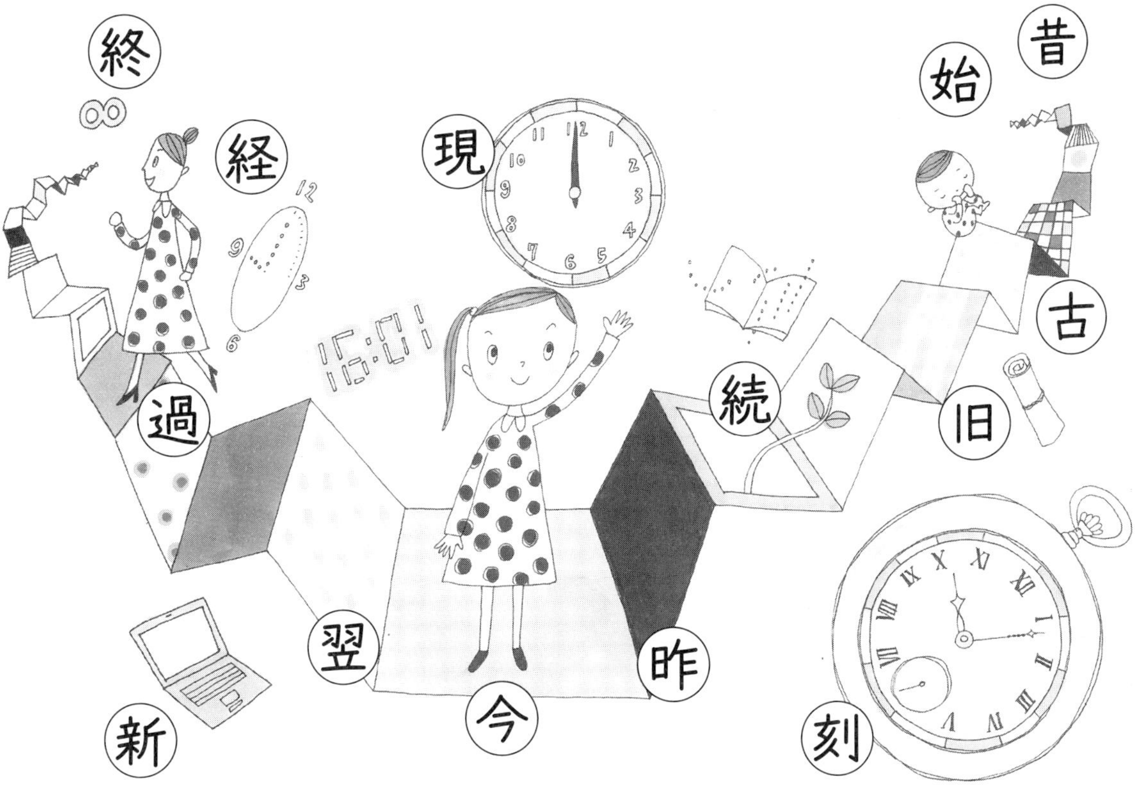

体
にかかわる

❶口・耳・手・足・目
❷顔・首・体・頭
❸血・指・歯・身・皮・鼻・息
❺額・眼・脈
❻胸・筋・骨・姿・臓・脳・背・
肺・腹・胃・腸・舌

生きること
にかかわる

❶生
❷活
❸育・死・命
❹産・老
❺性・殺
❻若・存・誕・亡・幼

感覚や動作にかかわる

❶見・出・入・立
❷引・交・行・止・聞・歩
❸開・感・起・去・向・進・動・消・
持・返・落・取・受・配
❹覚・挙・置
❺寄・移・採
❻沿・吸・座・視・閉・退・忘・訪

病院・保健
にかかわる

❸ 医・病・薬
❹ 健・康・治
❺ 衛・救・潔・検・護・効・術
❻ 看・傷・障・痛

道徳・宗教
にかかわる

❶ 正
❸ 悪・助・神・真・礼・和
❹ 改・願・信・省・清・良・努・徳
❺ 規・義・許・罪・志・謝・
精・責・則・犯・仏
❻ 恩・敬・孝・宗・仁・聖・誠・
善・尊・忠・拝・欲・律

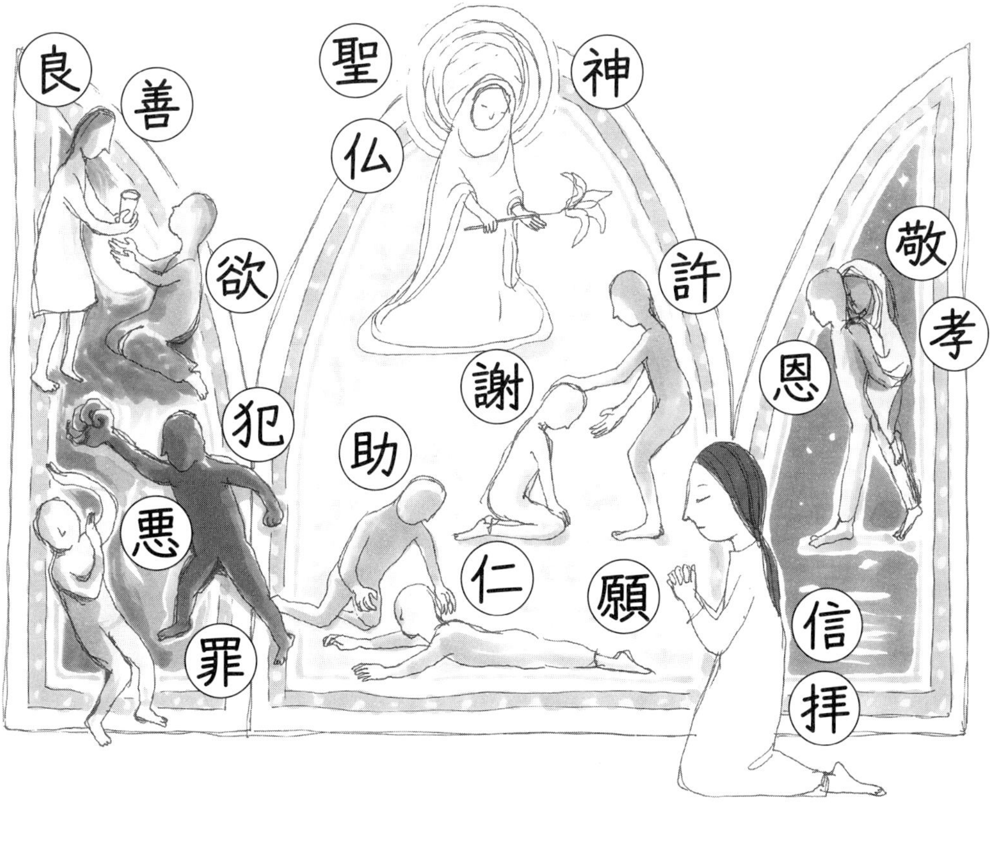

心や気持ち にかかわる

❷ 楽・思・心
❸ 意・感・幸・想・悲
❹ 愛・希・泣・好・笑・望
❺ 快・喜・情・夢
❻ 疑・困・朗

料理や飲食 にかかわる

❷ 食・茶・肉・麦・米
❸ 飲・苦・皿・酒・豆・味・油・湯・氷
❹ 塩・器・焼・飯・菜
❺ 混・粉・酸・容
❻ 吸・穀・蒸・糖・乳・卵

家庭や暮らし にかかわる

❶ 糸

❸ 使・拾・住・整・服

❹ 衣・結・帯

❺ 慣・織・績・布・編・綿

❻ 干・絹・捨・針・洗・装

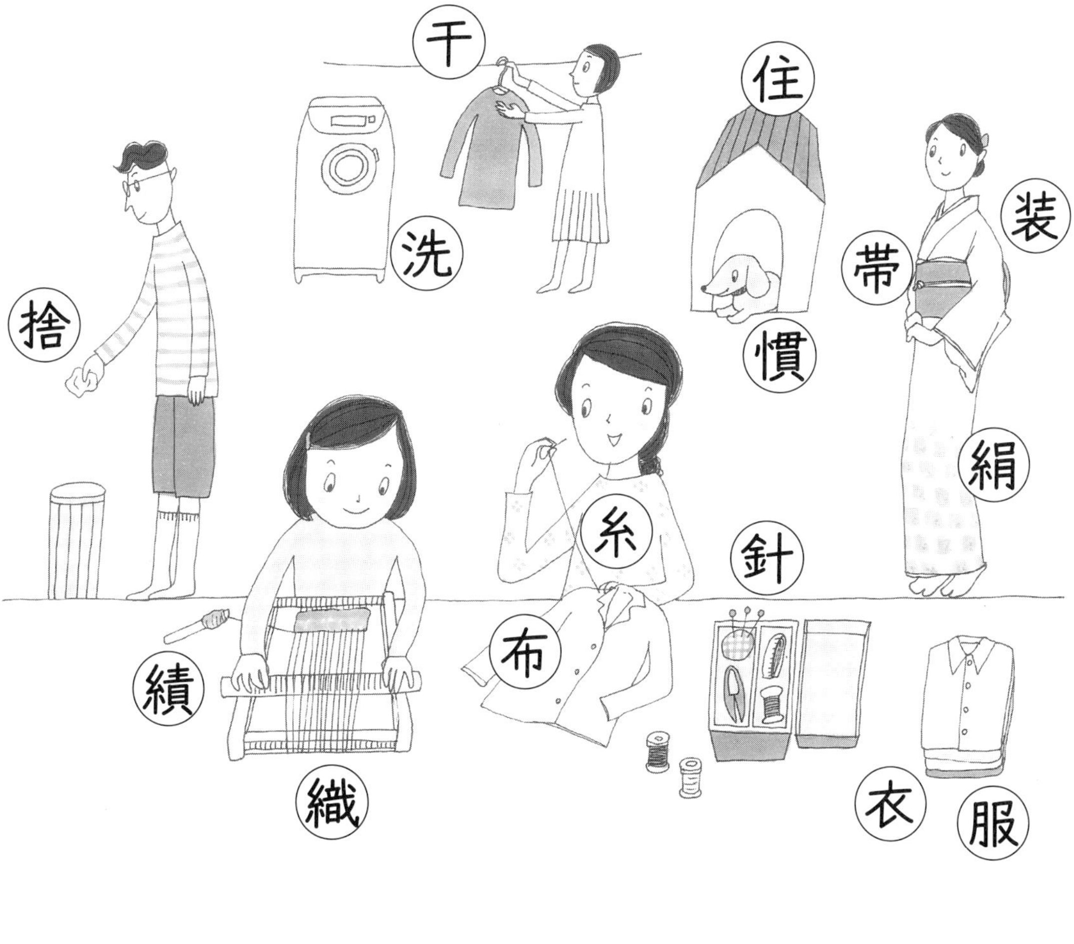

危険や注意 にかかわる

学校
にかかわる

❶学・休・校・名
❷会・帰・教・組・知
❸委・級・係・習・練・勉・式
❹案・課・協・訓・欠・材・席・卒
❺識・授・修・提
❻机・担・班

国語
にかかわる

❶字・文
❷記・語・書・読
❸漢・詩・章・写
❹典・要
❺句・評
❻誤・著・訳

伝えること・話し合うこと にかかわる

❷言・考・話
❸意・決・申・他・題・談・問
❹議・参・説・伝
❺応・確・告・講・賛・質・述・弁
❻異・呼・宣・論

講
述
議
題
説
賛
論
質
問
考
言
異
決
呼
話
談
伝

理科
にかかわる

❶ 気・力
❷ 科・計・光・理・電
❸ 化
❹ 管・極・験・固・熱・察
❺ 圧・液・素・測・燃
❻ 灰・拡・磁

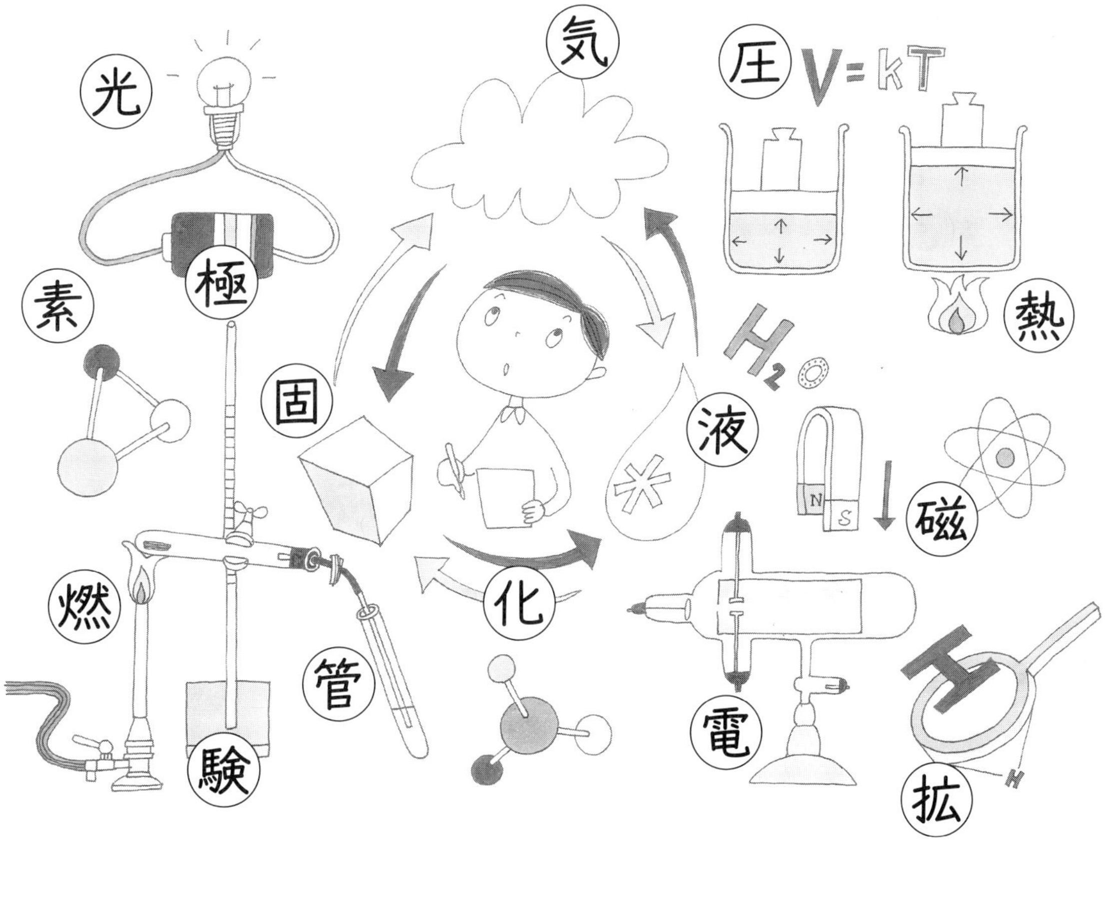

算数
にかかわる

❶ 円

❷ 角・形・合・算・図・数・線・直・点・同・半

❸ 倍・面・等・式

❹ 以・加・径・差・残・周・積・辺・満・約・量

❺ 解・囲・均・減・増・率・比・余

❻ 割・除・垂

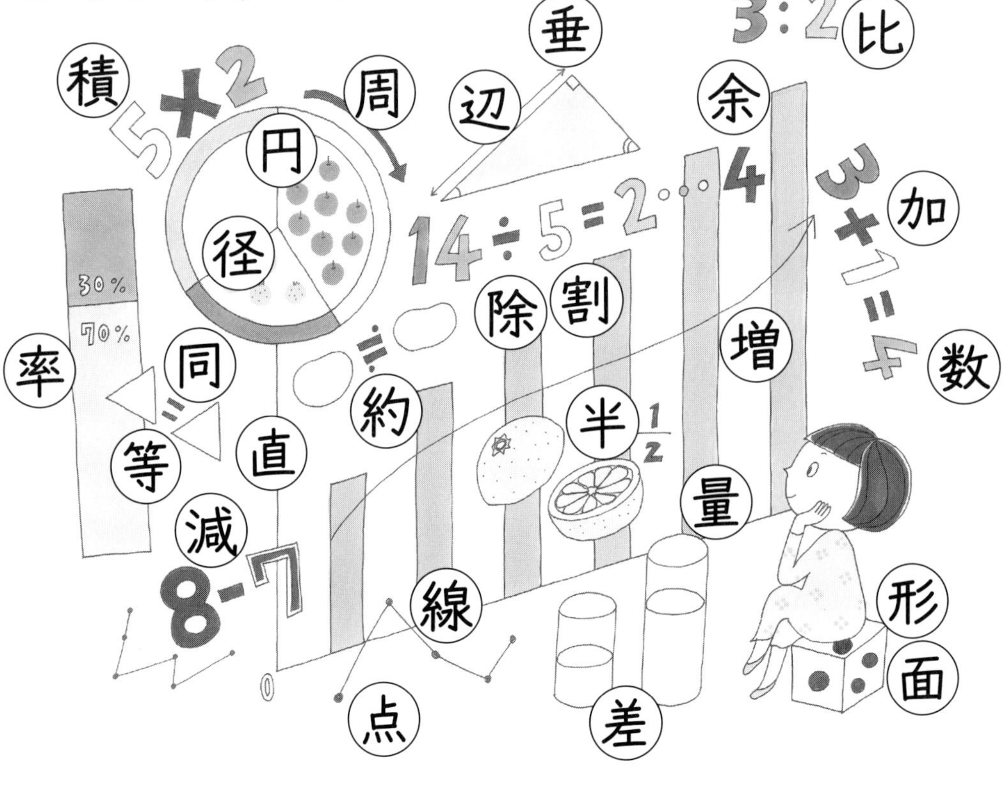

図画工作
にかかわる

❷ 画・絵・工・作・切・用
❸ 写・板
❹ 折
❺ 像
❻ 創・染

音楽
にかかわる

❶ 音
❷ 歌・声
❸ 曲・笛
❹ 唱
❻ 揮・詞・奏

スポーツ
にかかわる

❷ 走・当

❸ 泳・球・守・勝・送・速・打・対・追・投・負・登

❹ 競・功・試・戦・争・敗

❺ 技・賞・破・防

❻ 将・操・敵

芸術や文化・武道 にかかわる

❷ 弓・矢・刀
❸ 具・祭・美・福・遊・筆
❹ 観・鏡・芸・的・賀
❺ 演
❻ 劇・展・俳・覧

歴史
にかかわる

❶名
❸宮
❹府・令・録
❺紀・故・史・統・武・墓・歴
❻遺・乱・幕・討

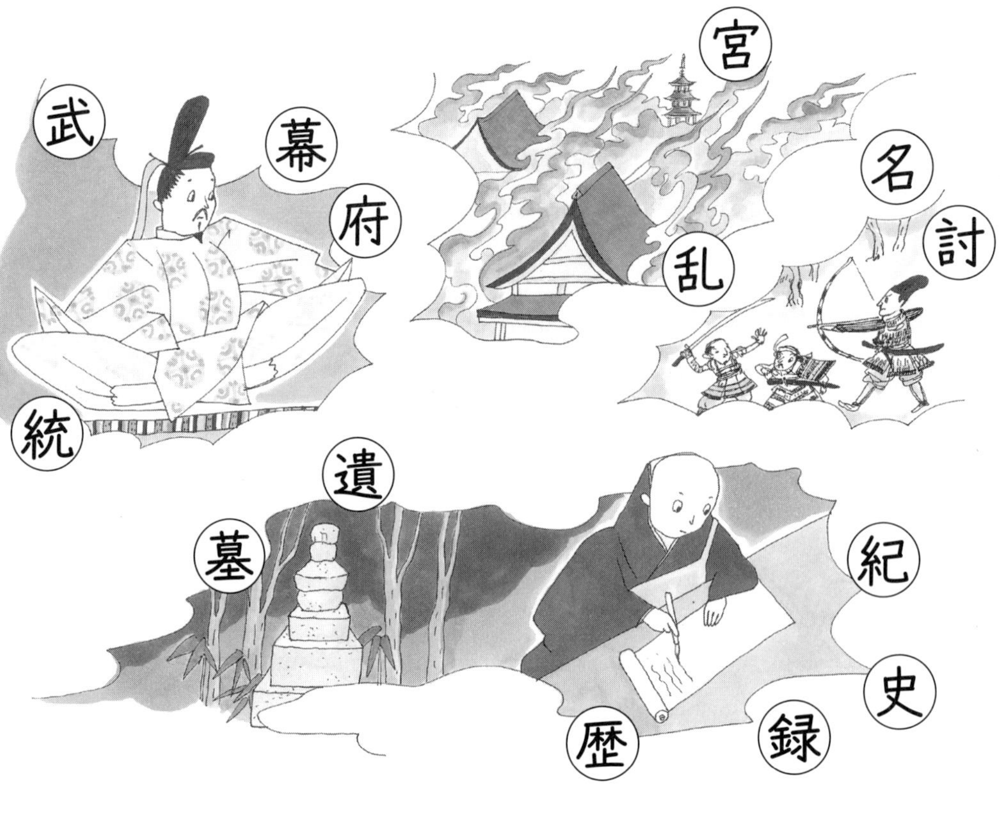

地図
にかかわる

① 村・町
② 京・国・市
③ 界・区・県・港・州・都
④ 街・郡
⑤ 領・境
⑥ 域・郷

社会のしくみ
にかかわる

② 公
③ 世・役
④ 法・選・令

お金やその流れ
にかかわる

❷店・売・買
❸安・商・代・品
❹栄・貨・給・借・利・料・札・富
❺営・益・価・興・財・資・税・損・
貸・貯・得・費・貧・豊・貿
❻値・賃・納・収・銭・預

乗り物や交通 にかかわる

❶ 車

❷ 汽・船・通・道・来

❸ 運・荷・受・乗・着・物・路・送・旅・駅・流・急

❹ 票・輪・飛・便

❺ 航・輸・留・復・往・停

❻ 券・届・郵

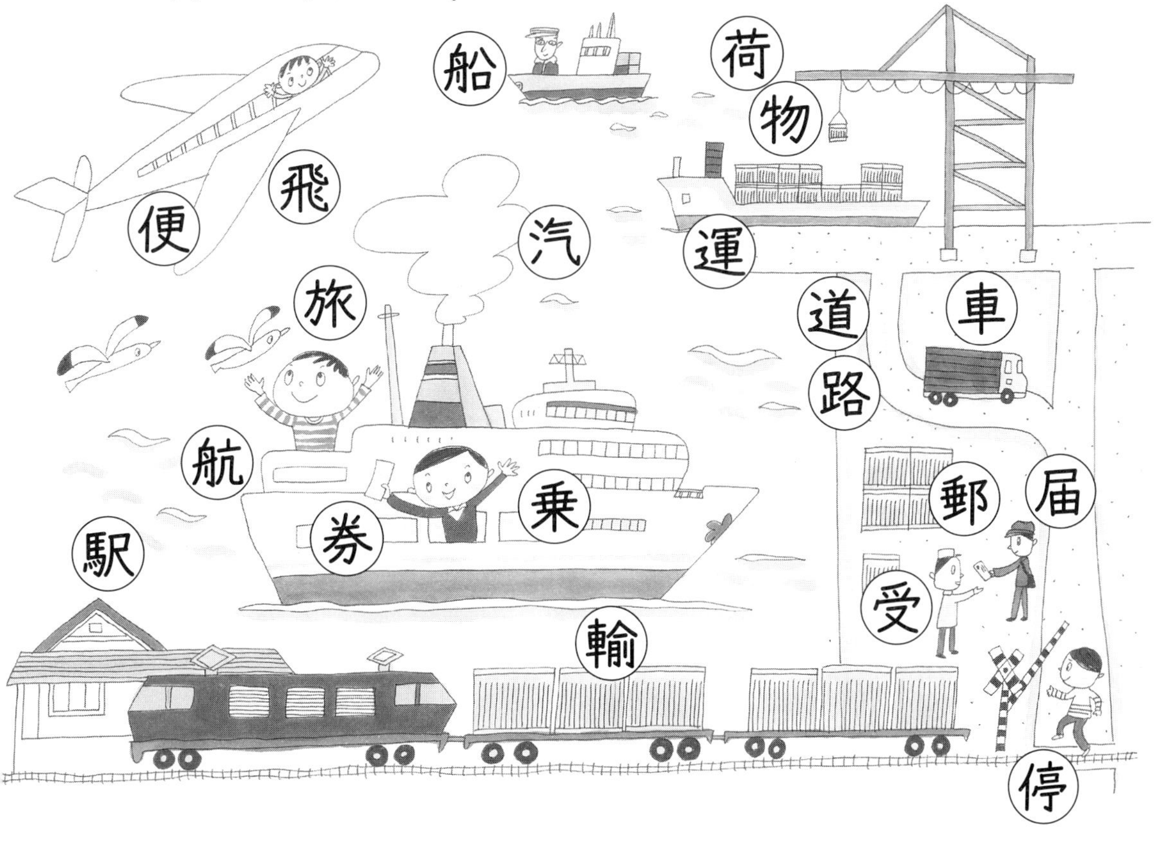

工業
にかかわる

❸ 業・鉄
❹ 械・機
❺ 製・造・銅・型
❻ 鋼

仕事
にかかわる

❸ 仕
❹ 辞・働・労
❺ 職・任・務
❻ 勤・就・従

出版・印刷 にかかわる

なぞときや探検
にかかわる

❶ 玉
❷ 何・答
❸ 究・調
❹ 求・標・変
❺ 査・導
❻ 推・秘・密・宝

付録3

漢字を
覚えるコツは
これだ！

漢字を構成する
パーツのいろいろ

漢字は、小さいさまざまなパーツの組み合わせでできています。
それらのパーツを覚えて、どんなパーツとどんなパーツの組み合わせでできる漢字なのかを把握すれば、漢字の形をどんどん覚えることができます。

ステップ1

最小単位のパーツを覚えよう

視覚記憶に考慮して、画数の少ないパーツを覚えるとよいでしょう。

カタカナの形

例 ア・カ・ク・ケ・ソ・ツ・マ・ハ・ヒ・ラ

小学校1年生で習う漢字

例 一・二・日・目・田・中・大・小・火・立・木・王・月・山

8画以内の漢字

例 寸・羽・反・刀・方・心・自・又

ステップ２

最小単位のパーツを組み合わせた、
もう少し大きいパーツを使えるようになろう

漢字を書くことに慣れてきたら、パーツも、以下のように、カタカナなどの小さい単位から少し大きい単位で把握するように移行していくとよいでしょう。

例

ケ＋ケ　ヒ＋ヒ
↓　↓
竹　比

千	目	二	白	十	ハ	二	日
＋	＋	＋	＋	＋	＋	＋	＋
ロ	ハ	小	小	又	ム	ム	十
↓	↓	↓	↓	↓	↓	↓	↓
舌	貝	示	泉	支	公	云	早

画数が多くても、固まりとして分割できないパーツは、なんとかそのまま覚えるようにしましょう。

例 隹・垂・聿・重

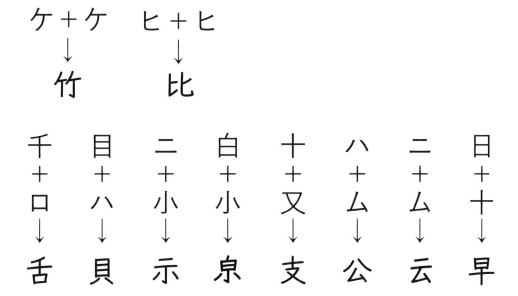

刊行にあたって

●この漢字の本は、漢字を読んだり書いたりすることが苦手な子どもから大人まで幅広い人たちにとって、もっと漢字が身近になり、もっと漢字が好きになることを願って編集しました。

●とくに、この漢字の本を使ってほしいのは、例えばつぎのような人たちです。
- 視力が弱いので、漢字の形をとらえたり、覚えたりするのがむずかしいロービジョン（低視力・低視覚）の人
- 視覚認知や視覚記憶が弱いので、漢字を書いたり読んだりすることがむずかしい読み書き障害のある人
- 日本語が母語ではないので、なかなか漢字を覚えることがむずかしい外国にルーツのある人

●この漢字の本では、上記のような利用者にとっての「使いやすさ」に配慮して、以下のような工夫をしています。
- 用例の文は、できるだけ読みをそのままに、活用形を使用しない。
- 漢字の形は、部首よりもさらに細かく、覚えやすいパーツに分解する。
- 日常生活や学校で使用する教科書で出会うことばを中心に紹介し、漢字の使用場面をイメージしやすくする。

●この漢字の本で使用した書体については、以下のような特徴があります。

小学校の教科書や参考書、漢字ドリルなどでは、一般に「教科書体」という書体が使われています。しかし、教科書体という書体は、筆書きの名残が強く残っている書体です。よって、起筆や終筆の形が複雑となっているため、漢字を学習する人が漢字の骨格を理解する際に妨げになっているという調査結果があります。

そこで、この漢字の本で使用した書体は、漢字の骨格がわかりやすい単純な要素で制作するとともに、筆順にも配慮しています。

―大きな文字でわかりやすい―
小学生で習う漢字1026字
【さくいん巻】

2023年11月1日初版発行

［発行・編集製作］
有限会社 読書工房
〒171-0031
東京都豊島区目白2-18-15
目白コンコルド115
電話：03-6914-0960
ファックス：03-6914-0961
Eメール：info@d-kobo.jp
https://www.d-kobo.jp/

［表紙・本文デザイン］
諸橋 藍
［フォント製作］
有限会社 字游工房
［本文イラスト］
近藤理恵
［表紙キャラクターデザイン］
森 華代
［さくいん校正］
株式会社 鷗来堂
［用紙］
株式会社 西武洋紙店
［印刷製本］
株式会社 厚徳社
［出版助成］
一般財団法人 日本児童教育振興財団